邢　殚◎编著

笔牧校园

“雁过留痕”作文教学法及范文

安徽师范大学出版社
ANHUI NORMAL UNIVERSITY PRESS
·芜湖·

图书在版编目(CIP)数据

笔牧校园:"雁过留痕"作文教学法及范文 / 邢殚编著. —芜湖:安徽师范大学出版社,2021.1
ISBN 978-7-5676-4792-3

Ⅰ.①笔… Ⅱ.①邢… Ⅲ.①作文课—教学研究—初中 Ⅳ.①G633.342

中国版本图书馆CIP数据核字(2020)第253017号

笔牧校园:"雁过留痕"作文教学法及范文　　邢　殚◎编著
BIMU XIAOYUAN YANGUOLIUHEN ZUOWEN JIAOXUEFA JI FANWEN

策划编辑:吴毛顺
责任编辑:吴毛顺　　责任校对:李　玲
装帧设计:张　玲　　责任印制:桑国磊
出版发行:安徽师范大学出版社
芜湖市北京东路1号安徽师范大学赭山校区　　邮政编码:241000
网　　址:http://www.ahnupress.com
发 行 部:0553-3883578　5910327　5910310(传真)
印　　刷:安徽芜湖新华印务有限责任公司
版　　次:2021年1月第1版
印　　次:2021年1月第1次印刷
规　　格:787 mm ×1 092 mm　1/16
印　　张:14　　插　　页:2
字　　数:270千字
书　　号:ISBN 978-7-5676-4792-3
定　　价:39.80元

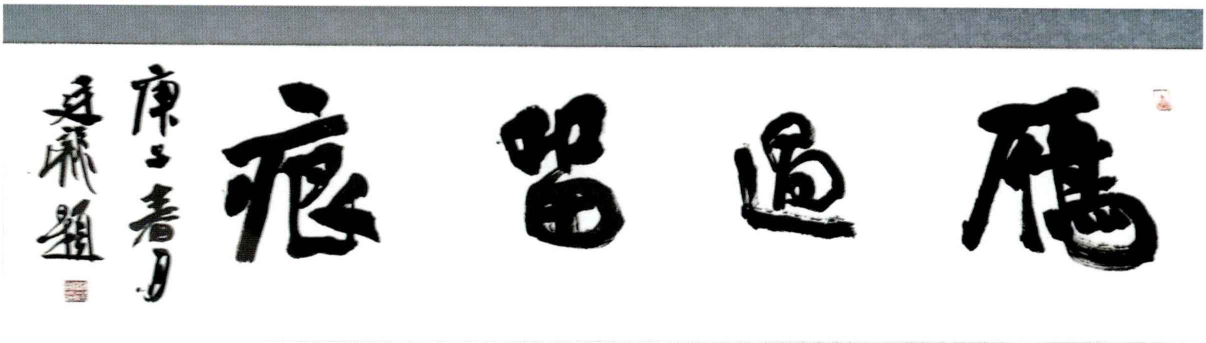

安徽省书画院院长、国家一级美术师刘廷龙教授欣然为邢弹老师的“作文教学法”题字

2018年2月1日，邢弹老师应邀参加芜湖电视台访谈节目《鸠兹三人行》录制

2019年4月23日，邢弹老师参加芜湖团市委举办的“新时代 新阅读”读书分享会并担任演讲嘉宾

大江晚报

2018年9月27日 星期四 B1

责任编辑 沐涛

公开课

阅读 让你我更美好！

生活里没有书籍，就好像没有阳光。

要读书，要读好书。阅读，可以充实你的心灵；阅读，可以增长你的见识；阅读，可以开阔你的视野；阅读，可以提升你的品位；阅读，可以让你的生活更加多姿多彩；阅读，让你我变得更美好……“读书破万卷，下笔如有神。”阅读还能提高你的写作能力。让我们走进芜湖市第二十七中学，聆听正在举办的一场别具一格的“阅读”盛宴。

记者 沐涛 文 梅韬 摄

2019年9月27日，“阅读 让你我更美好”
——《大江晚报》走进邢弹老师的语文课堂

序

——鸿雁于飞

每当我感慨汉语之美的时候，在心底就有一种愿望，那就是我们当代的中小学生都能传承中华民族如瑰宝般的语言文字，掌握写作和文字技巧，传情达意，写出一篇篇美文。因为这个心愿，当我看到邢殚老师孜孜于作文教学，并新招迭出、持之以恒时，不由从内心深处敬佩并欣喜着。

初识邢殚老师，源于“城市美文大赛”，那次征文是芜湖市作家协会和芜湖传媒集团联办的，邢殚老师的文章获奖了。在那篇文辞清丽的文章里，我看到了她对这座城市的热爱，看到了她对过去读书、现在教书的学校的热爱，更难能可贵的是，她将个人成长和城市的发展联系起来，这不就是为文为人的意义吗？随后，我们录制了一期关于“城市美文”的电视访谈，我邀请了她，这位只在征文颁奖仪式上见过一面的年轻教师做嘉宾，她爽快地答应了。如果说她的文章是以文字为我们这座城市代言，那她在电视上知性聪慧的谈吐，则给我们展示了当代年轻教师积极向上的精神风貌。

再识邢殚老师，是我读到了那本特别的书——她编著的学生作文选集《每个记忆都值得珍藏》。我这才发现，原来，她不仅自己擅长写作，还带着她的学生们一起写。书中，有她自己独到又实用的写作和阅读经验，还有她精心编撰的学生们的优秀作文，更重要的是，从她认真、细心、精到的点评中，我看到了她对作文教学的投入和专注。“你认真工作的样子真美”，我觉得，没有比这一句话更适合表达我对邢殚老师的认知了。

而后，与邢殚老师的每次交集，她都能带给我新的惊喜和感动。在芜湖团市委和传媒集团举办的青年读书会上，她作为青年嘉宾，和青年们分享她的读书和教学经验；当她得知南陵农民荸荠滞销的求助信息，她和学生家长们一次就认购了几百斤，为农民朋友排忧解难；2020年初，新型冠状病毒肺炎疫情让城市按下了“暂停键”，但邢殚没有停止她的作文教学，她在积极准备网课的同时，还指导学生们用文字记录抗击疫情的真实体验和感悟，当学生们的作文在电台、报纸、市作家协会微信公众号上被一篇篇推送的时候，她真正做到了让学生们理解：“眼前发生的一切，就是最好的教科书。”

眼下，邢弹和学生们的第二本书又要付梓，在我看来，这不仅是一篇篇作文的合集，而且是一只只雏雁展开翅膀，在蓝色的天空中飞翔。祝愿邢弹老师和她的学生们，带着理想和希望，飞得更高、更远！

王毅萍

（芜湖广电文化栏目《鸠兹三人行》创办人，芜湖市作家协会副主席）

目　录

雁过留痕

作文教学方法新论——“雁过留痕”作文教学法 / 003
“雁过留痕”作文教学法应对初中作文“同质化”浅析 / 006
“要素联系”思维模式在“雁过留痕”作文教学法中的思考 / 009
飞扬的记忆 / 013
《飞扬的记忆》创作谈 / 014
阅读求甚解 / 018
面条加鸡蛋 / 020
那年暑假 / 022
劳动筑起中国梦 / 025
春江水暖心已知 / 027
“顽皮”的邢老师 / 029

风伫沉香

教案1（改前）：我不再害怕 / 033
教案1（改后）：我不再害怕 / 035
教案2（改前）：病毒无情，人间有爱 / 036
教案2（改后）：病毒无情，人间有爱 / 037
教案3（改前）：歌唱·我们共同的答案 / 038
教案3（改后）：共同的答案 / 039
教案4（改前）：我爱我的家，我爱我的国——我心中的祖国七十年 / 040
教案4（改后）：我爱我的国，我爱我的家——我心中的祖国七十年 / 042
教案5（改前）：难忘的春节 / 044
教案5（改后）：暖　树 / 045
教案6（改前）：寒冬将逝，暖春将至 / 046

教案6（改后）：暖春将至 / 047
教案7（改前）：秋天，我的最爱 / 048
教案7（改后）：秋天，我的最爱 / 050
教案8（改前）：失败也是一种美丽 / 051
教案8（改后）：失败也是一种美丽 / 053
教案9（改前）：永恒的生命 / 054
教案9（改后）：山高人为峰 / 055
教案10（改前）：这里也有乐趣 / 056
教案10（改后）：这里也有乐趣 / 057
教案11（改前）：这里也有乐趣 / 059
教案11（改后）：这里也有乐趣 / 060
教案12（改前）：青山一道，同担风雨 / 061
教案12（改后）：青山一道同风雨 / 062
教案13（改前）：春　天 / 063
教案13（改后）：春　天 / 064

花路散影

少年情怀最可贵　◇ 邢　弹 / 069
目光因你而停留　虞昕璇 / 069
目光因你而停留　孙丽娜 / 070
目光因你而停留　林文佳 / 071
目光因你而停留　黄尚彬 / 072
目光因你而停留　刘曦远 / 073
情感真挚最能打动人　◇ 邢　弹 / 074
原来，我长大了　黎文琪 / 075
原来，我长大了　孙丽娜 / 076
原来，我长大了　叶钊凝 / 076
原来，我长大了　张　榆 / 077
万花筒中的世界　◇ 邢　弹 / 079
幸福的颜色　张　榆 / 080
幸福的颜色　季嘉良 / 081
幸福的颜色　林文佳 / 081
幸福的颜色　李希然 / 082

心底最柔软的地方 ◇ 邢　弹 / 084
你用希望温暖了我 赵思雅 / 085
你用笑声温暖了我 李邦宇 / 085
你用爱温暖了我 汪思航 / 086
你用诗句温暖了我 黄尚彬 / 087
淡妆浓抹总相宜 ◇ 邢　弹 / 089
这里也有乐趣 刘曦远 / 090
醉于冬季 施　懿 / 091
幽幽花香　浓浓亲情 虞昕璇 / 091
让我温暖的笑容 程　雯 / 092
追随心灵的脚步 ◇ 邢　弹 / 094
让“中国梦”飞扬 黄尚彬 / 095
青青子衿 悠悠我心 程芃岳 / 095
人生的格局 ◇ 邢　弹 / 097
生活如彩虹 李希然 / 097
生活如茶 励雨晏 / 099
生活如美食 王　萌 / 099
生活如画 张　榆 / 100
写有温度的作文 ◇ 邢　弹 / 102
永远的歌声 汪思航 / 103
永远的歌声 赵思雅 / 104
永远的歌声 黎文琪 / 104
永远的歌声 励雨晏 / 105
我们一起走过 ◇ 邢　弹 / 107
光阴的小河 王　萌 / 107
走过15岁 汪思航 / 108
走过时光 林文佳 / 109
一瓶矿泉水 叶钊凝 / 110

悦读书香

咀嚼生活的真味 ◇ 赵永轩 / 113
我们忽略了什么 ◇ 汪思航 / 114
记忆中的宏村 ◇ 后喜玥 / 116

记忆里的芬芳 ◇ 饶申佳 / 117
细节里的微感动 ◇ 范欣然 / 118
雁过留痕　写作人生 ◇ 叶钊凝 / 120
与书为伴　共度好时光 ◇ 晏辰飏 / 121
记忆里的芬芳 ◇ 李邦宇 / 122
做最美的自己 ◇ 马思涵 / 123
最美的风景 ◇ 胡蕊妍 / 124
珍惜童年 ◇ 饶申佳 / 125
朋友有你　自然相伴 ◇ 叶钊凝 / 126
妈妈的白发 ◇ 胡嘉谊 / 128
勇往直前 ◇ 张子怡 / 129
勇往直前 ◇ 李祺昀 / 131
落下的枫叶最美 ◇ 林文佳 / 132
真正的变形金刚 ◇ 黄尚彬 / 133
母爱似月 ◇ 范欣然 / 134
落花满地芳年华 ◇ 范欣然 / 135
书写青春 ◇ 章　蔚 / 137

菁菁校园

热情让青春灿烂 ◇ 魏晨希 / 141
芬　芳 ◇ 柳　江 / 142
词话凉夜的月 ◇ 赵思雅 / 144
华阴老腔 ◇ 余明烨 / 146
也提“清欢” ◇ 赵思雅 / 147
礼　物 ◇ 胡蕊妍 / 149
揭开真相的帷幕 ◇ 叶钊凝 / 150
爱，出现在漆黑的夜晚 ◇ 周　睿 / 151
在感恩中邂逅温情 ◇ 胡沁源 / 152
开在记忆深处的花 ◇ 赵思雅 / 154
生活中的一朵浪花 ◇ 王雨濡 / 155
童年趣事 ◇ 叶钊凝 / 156
难忘竹香 ◇ 阮　欣 / 157
遇见顽强 ◇ 谈子珣 / 158

妈妈的手 ◇ 汪思航 / 159
醉意人生 ◇ 孔方钰 / 160

青春风景线

老师的武器 ◇ 虞昕璇 / 165
颂 “影” ◇ 叶钊凝 / 167
遇见幸运 ◇ 汪锦诚 / 169
掌心向上 拥抱阳光 ◇ 赵思雅 / 170
复前行 ◇ 蒋欣瑶 / 171
岁月凉 ◇ 孔方钰 / 173
每个人心中的一亩田 ◇ 王雨濡 / 175
茶虽苦 苦尽甘来 ◇ 姚静萱 / 176
一堂“甘甜”的体育课 ◇ 胡瑞阳 / 177
我的承诺 ◇ 周 冉 / 178
人如昆虫 ◇ 赖传康 / 180
勇敢 坚毅 执着追求
——读《钢铁是怎样炼成的》有感
◇ 叶钊凝 / 181
黑夜中的明灯 ◇ 励雨晏 / 183
幸福的味道 ◇ 赵思雅 / 184
青春的味道 ◇ 励雨晏 / 186
特别的礼物 ◇ 饶申佳 / 188
我爱我的国 我爱我的家 ◇ 邱圆贻 / 190
令人回味的往事 ◇ 姚刘君琳 / 191
我的班主任 ◇ 张悠陶然 / 192
细节里的微感动 ◇ 初 墨 / 193
和音乐在一起 ◇ 曹珂涵 / 195

春暖花开

春暖花开会有时 ◇ 陈鹏瑞 / 199
春天畅想曲 ◇ 奚睿阳 / 200
春天畅想曲 ◇ 何博文 / 201
窗外的春 ◇ 张悠陶然 / 202

文暖春日，情动人心 ◇ 刘可祁 / 203
春天的盼望 ◇ 李元悦 / 204
春天畅想曲 ◇ 徐皓洋 / 205
春天畅想曲 ◇ 张宇彤 / 206
春　醒 ◇ 陈鹏瑞 / 207
春天畅想曲 ◇ 李书缘 / 208
春之畅想 ◇ 路远兮 / 210
春之韵 ◇ 王李伟 / 211

雁过留痕

作文教学方法新论

——“雁过留痕”作文教学法

作文教学是语文教学的一个重要环节，是语文知识和“读、听、说、写、改”等能力的综合教学。一篇好习作，可以窥见一个学生的语文知识、素养和能力的一斑。当前中学作文教学中主要存在以下两个方面的问题：一方面，还没有真正摆脱应试教育的束缚，很多教师怕教作文，原因是缺乏行之有效的教学方法，同时对学生作文的点评不到位，难以指导学生写出优秀的作文；另一方面，学生普遍怕写作文，对作文写作不感兴趣。诺贝尔文学奖获得者莫言曾说过：“模仿不是耻辱，而是捷径。模仿是培养我们语感的最重要方法。”一个人的语言风格与个人对语言的感受相关。初中阶段对培养一个人的语感至关重要。如果在初中阶段没有培养起一个人的语感，那么后来的努力可能会事倍功半。掌握了一种很好的语感，就好像一个从事音乐事业的人很好地掌握了乐感一样。因此，初中生作文写作也是以模仿切入，在模仿基础上再创作，再摸索形成自己的作文特色。

针对以上问题和新课程标准最基本的理念，经过我十多年初中语文教学一线实践，我摸索总结出了“雁过留痕”作文教学法。什么是“雁过留痕”作文教学法？简单地说，就是通过“读、听、说、写、改”的五步综合教学，来提高学生的作文能力，因此也叫“五步教学法”。

第一步，教师有选择地找范文，请学生来“读”。这个教学过程中，有两个要点，一个是范文的选择，一个是学生的朗读。尤其是范文的选择，要围绕教学的意图来完成。中学生作文主要还是以记叙文为主，兼顾议论文、说明文、散文等，所以范文的选择有四个方向：一是选择与生活有紧密联系的文章；二是选择与课文学习相结合的文章；三是选择注重培养和激发学生写作兴趣的文章；四是选择题材新颖、视野开阔的文章。我个人倾向于选择杂志和报纸上的文章，如《中学生优秀作文选》《新安晚报》《大江晚报》等，通过这种方式扩大学生的阅读面。当然，学生在“读”的过程中要达到两个目的：一是训练朗读和口语能力；二是在对全文有一个了解的基础上，争取掌握文章的主要思想和精髓，如果一遍吃不透就多读几遍。

第二步，学生集中注意力听完所读的内容，自我总结体会，并寻找文章的结构提纲和要点，这是“听”。“读”和“听”，都是“雁过”的范畴，是“五步教学法”的基础。“读”和“听”是一个过程的两个方面，是相补互促的两种方法。我发现，在中学作文课上，学生往往是听教师说了一节课，似乎都听懂了，但一下课，学生什么也没记住，再写，也写不出来。所以，一定要带有目的和想法去“听”。在听的过程中，运用日常教学活动中的分析方法，去积累体会、认识和感受。

第三步“说”，指的是针对所读所听的内容，学生展开讨论，交流对文章的分析和体会。叶圣陶说，作文和说话本是同一目的，只是所用的工具不同罢了，所以，在说话的经验里可以得到作文的启示。尽管此时学生不能完全叙述出来，但大体上会有轮廓，这就是所谓的“留痕”的第一步。可以让学生说出自己记的内容，全班同学针对结构、语句、修辞等来“找茬”。学生叙述越有遗漏的地方，越能暴露学生在作文写作上薄弱的问题。需要强调的是，这种叙述绝对不是“还原”，而是“组织”，即按照自己的理解和体会，重新组织素材，进行创作。这时教师给予及时的指导、点拨，学生会茅塞顿开，知道自己作文的漏洞所在。

第四步是“写”，根据交流的过程，学生完善自己的认识，对范文加以演绎、加工，并练习写作，这是“留痕”的第二步。我在多年的教学实践中，发现学生的思维是非常活跃的。学生每天都要和父母、老师、同学等打交道，因此，他们首先就把人作为观察的对象。学生不仅观察人的外貌、语言、行为等，还探索着去观察人的心理，即察言观色。他们课余在一起谈论老师的时候，能把每个任课老师饰演得惟妙惟肖，往往能引来全体学生包括家长的共鸣。由此可见他们并不缺乏观察的对象，也不缺乏观察的技巧，更不缺乏对观察的总结，而是缺乏在作文中表达的技巧。比如，魏巍写他的老师“右嘴角边有榆钱大小一块黑痣”，给读者以深刻的印象，也为后来的师生相认埋下伏笔。学生在写作的时候，只要将这些观察的特点，有秩序地组织起来，写下的东西自然就鲜活了。可见这种“写”，绝对不是“仿写”。正是因为有了“读”“听”“说”的过程，“写”的层次才上升了，这种“写”的本质就是“创造”而不是“复制”。“说”“写”的过程，正是“雁过留痕”作文教学法的特点所在。

第五步是教师指导，对学生作文进行阶段性点评，并要求学生修改。所谓“阶段性”，是指这个修改的过程不一定是一次完成的。这个“改”的过程对学生在“读、听、说、写”上有更高的要求，整个教学过程是一种螺旋式上升的过程，这样一堂作文课下来，学生作文本上会有一篇完整的习作。在阶段性点评的过程中，尤其注意：一是要鼓励学生表现个性的思想；二是要培养学生多角度观察思考的习惯，训练学生发散思维、求异思维；三是要充分发挥学生的想象力，正如爱因斯坦所说：“想象力比知识更重要”；四是要鼓励学生使用自己喜欢的语言表达自己的思想。学生对“读、听、说、写”的过程印象较深，自然对教师的讲解领悟就会较深，在日后的写作中就能做到厚积薄发。经过一段时间的反复训练，学生在作文写作上就会大有长进。

“雁过留痕”作文教学法是一种理念，看似直观浅显，但行之有效。一是变“要我写”为“我要写”，调动和激发学生写作的兴趣；二是通过“雁过留痕”作文教学法使学生爱写作文、乐写作文；三是通过写作文，使学生从中得到一定程度的满足和认可；四是通过持续的、反复的训练和强化，让学生能够对语文教学中分析方法、分析技巧熟练运用并加以吸收；五是通过不断修改，让学生认识和理解的程度得到升华的同时，逐步在文章中有所体现，让学生在真实的生活中写作，使作文成为生活需要，成为有趣的成长体验，从根本上还学生作文教学以阳光和蓝天。

本文发表于《中华活页文选（教师版）》2016年第7期。

"雁过留痕"作文教学法应对初中作文"同质化"浅析

经过十多年语文教学一线实践，我摸索总结出了"雁过留痕"作文教学法。所谓"雁过留痕"作文教学法，简单地说，就是通过"读、听、说、写、改"的五步综合教学，来提高学生的作文能力，因此也叫"五步教学法"。

在"雁过留痕"作文教学实践中，同样面临学生作文出现"同质化"现象。具体地说，主要表现为学生作文题材同质化、描写程式化、细节雷同化等。本文主要针对初中生作文的"同质化"现象，分析深层次原因，探索作文教学的方法，充实现有的"雁过留痕"作文教学法理论体系，启发作文教学实践的新思路。

一、初中学生作文"同质化"现象的分析

1. 观察能力不足，直接感受缺乏提炼。

观察能力不只是单纯的认知反映，还包含对事物的理解、思考，是多种感、知、觉的综合。但是在学生的笔下往往是罗列事件、流于形式、公式演绎、机械表述。俗语说"外行看热闹，内行看门道"，我们如何在教学中引导学生透过"热闹"看到"门道"，学会从表象深入挖掘出事物中隐含的本质或特性，这是我们需要解决的问题。

2. 知识来源单一，阅读面狭窄。

长期以来，我们写作教学的内容依附于课内教学，学生因为面对升学应试的压力，很容易被局限在书本内，直接造成了知识来源单一。"取法于课内，得益于课外"，学生阅读能力的培养不足，导致学生的作文能力难以提升。

3. 生活经验缺乏，间接感受生搬硬套。

"用教材教，而非教教材"要求教师要注意教学资源的整合与丰富，把学生的生活经验和社会生活纳入其中。陶行知先生说："我们要以自己的经验做根，以这些经验所发生的知识做枝，然后别人的知识方才可以接得上去，别人的知识才成为我们知识的一个有机部分。"可是初中学生生活轨迹基本"两点一线"，在学校和家庭之间穿梭，生活环境单调，生活经验极其缺乏。另一方面，现实中大多数家长对孩子的学业要求高，孩子为了得到高分，在作文中生搬硬套的现象不胜枚举。

4.写作技法单一，缺乏系统训练。

初中学生对课文分析理解掌握得不够，不善于揣摩作者的构思、立意、技巧、表达方式……当然也就无法“照葫芦画瓢”——把学到的东西再运用在自己的作文中。“积土成山，风雨兴焉；积水成渊，蛟龙生焉”，重视基础写作技法的积累，并且在日常作文写作中积极训练，才能改变这种状况。

二、基于“雁过留痕”作文教学法的实践延伸

1.利用“读、听、说、写、改”综合教学，创设学生作文的环境，扩展题材内容。

在“雁过留痕”作文教学法中，我们把方法、技巧以及学习习惯的培养，有机地结合在一起，搭建学生作文的环境。通过这种综合教学，调动和激发学生写作的兴趣，变“要我写”为“我要写”；在写作过程中，学生能够对语文教学中分析方法、分析技巧熟练运用并加以吸收；通过完成作文，让学生的认识和理解逐步地在文章中有所体现，让学生在真实的生活中写作，成为有趣的成长体验。

2.将作文教学融合到语文日常教学过程中，培养学生作文思维，掌握描写技巧。

在语文学习中，日常教学过程是个积累的过程，而写作则是综合运用语文技能的过程。将“教”和“写”结合起来，在日常教学过程中，鼓励学生根据自身的经历与感悟，结合学习的描写技巧进行表达，培养学生作文思维，掌握描写技巧，让学生创作出自己作品的同时，提高语文课堂的教学效率。

3.重视阅读在学生作文中的作用，引导学生养成作文摘录习惯，补齐细节描写“雷同化”的短板。

“操千曲而后晓声，观千剑而后识器”。阅读能力的强弱，与学生获取知识、提高学习兴趣、增长见识等都有密切联系。阅读不仅为作文提供了形式上的借鉴，同时为作文在内容上提供了支撑。引导学生养成摘录习惯，其意义在于开阔学生视野，提高学生表达能力，促进学生思维、心理品质的成长。

三、关于教学实践应对作文“同质化”的新思考

1.作文教学引入“模型”的概念，有利于培养学生的写作思维。

我在“雁过留痕”作文教学法中尝试建立描述的模型，这个模型就是为了让事件描述得更为具体，从多个角度进行人物设定、心理分析、语言展现、神态描写等，从而实现描述的立体感，多角度和多层次推进情节的发展。

2.加强作文评改，发挥教师的指导作用。

作文写作教学中，与学生互动是学生写作能力提升的重要环节。加强作文评改，发挥教师的指导作用，有助于改变“有教无别”（教师对学生无差别的教学）、“以教代思”（教师以自己的教学活动取代学生的独立思考）的局面。

在今年年初的新型冠状病毒肺炎疫情期间，我结合社会热点，教学生抓住细节、以小见大，指导学生写作，给文章注入有趣的灵魂，陆续在媒体上公开发表。如日本捐赠物资上写着“山川异域，风月同天”等，我们就有学生写了《诗情化“疫”》，让我很惊喜。那几天下了雪，马上有学生写《风雪战疫人》，写得非常感人。这些作文里面，有一篇叫做《“手”望胜利》，由一双因为长时间带着医用手套而被汗水浸湿久了的手，引申到医护人员，联想到英雄的武汉，再联想到全国人民的万众一心。这个守望的“守”，改成了手掌的“手”，一字之改，立意提高了一个档次。全文结构紧凑，立意新颖，从细节入手，以点带面，正是这篇作文的成功之处。这些作文都被我做成了相关作文教案，供学生交流学习。

3. 积极开展口头作文的尝试，拓展学习交流的渠道。

在教学中我就遇到这样一件事：一篇“很有意思”的学生作文被我拿到班级评讲，被另一个学生重新创作，登上了报纸。这让我意识到学生之间的口头交流对提升作文水平非常有效，我开始鼓励学生以“班级的故事”“身边的趣事”为主题，开展口头作文活动。“言出为论，下笔成章”，坚持先口述再写作的训练，能够在写作中充分发挥学生的个性，增强学生的自我意识，减少学生的思维限制，提高学生的自信心。

以上就是我基于“雁过留痕”作文教学法，对初中作文“同质化”一点浅显的想法。

本文发表于《中小学教育》2020年第1期。

“要素联系”思维模式在“雁过留痕”作文教学法中的思考

今天我的发言从一个小故事开始，首先讲一个关于曲别针的用途的故事。

在一次旨在开发创造力的研讨会上，日本一位创造力研究专家村上幸雄先生提出一个问题：“请诸位朋友动一动脑筋，打破框框，看谁说出这些曲别针的用途，看谁创造性思维开发得好、多而奇特!”“曲别针可以别相片，可以用来夹稿件、讲义。”“纽扣掉了，可以用曲别针临时钩起。”……大家七嘴八舌，大约说了二十几分钟，其中较奇特的是把曲别针磨成鱼钩去钓鱼，引得大家一阵大笑。

这时中国的一位老师向台上递了一张纸条：“对于曲别针的用途，我能说出三千种、三万种!”

原先不以为然的听众被吸引过来了。

“大家讲的用途可用四个字概括，这就是钩、挂、别、联。要启发思路，使思维突破原有格局，最好的办法是借助于简单的形式思维工具——信息要素的重新组合。”他把曲别针的总体信息分解成重量、体积、长度、截面、弹性、直线、银白色等十多个要素。再把这些要素，用线连接起来，形成新的思维组合。这时，这枚平常的曲别针，马上变成了孙悟空手中的金箍棒，神奇变幻。

通过曲别针和数学教学中的联系，把曲别针做成阿拉伯数字，再做成加减乘除的符号，用来进行四则运算，运算出数量，就有一千万种、一万万种……通过曲别针和语言教学中的联系，曲别针可做成英、俄、希腊等文字，用来进行拼写读取……实际上，曲别针的用途，几乎近于无穷!

他在台上讲着，与会的人们对这种新的思维模式感到新奇，普遍陷入沉思……

由这个小故事受到了启发，我把这种思维模式称为“要素联系”，联想到了现在的作文教学。

经过十多年初中语文教学一线实践，我摸索总结出了“雁过留痕”作文教学法。所谓“雁过留痕”作文教学法，简单地说，就是通过“读、听、说、写、改”的五步综合教学，来提高学生的作文能力，因此也叫“五步教学法”。

这种作文教学法针对当今初中生认为作文难写、怕写作文的症结，通过持续的、反复的训练和强化，让学生能够对语文教学中分析方法、分析技巧熟练运用并加以吸收的同时，逐步在文章中有所体现，让学生在真实的生活中写作，使作文成为生活需要，成为有趣的成长体验。

说起来不怕笑话，我们现在面对的大多数学生，尤其是刚从小学升入初中的学生，作文教学中的主要问题还是怎样写好作文。具体地说，这个问题就是：怎样按照初中的教学目的和教学要求来写好初中作文的问题。

为了进一步说明我受到的启发，我再举一个更简单直接的例子。我记得有些综艺节目，就有类似这样的“要素联系”。比如：甲嘉宾抽到了一张写有“王老师的女儿”的纸牌，乙嘉宾抽到了一张“在张学友的演唱会上”的纸牌，丙嘉宾抽到了一张“买到了一个青花瓷瓶”的纸牌。三张纸牌放在一起就连接成了一个故事：“王老师的女儿在张学友的演唱会上买到了一个青花瓷瓶。”

从这个例子看，大家是不是都觉得有点启发？不可否认的是，小学和初中的作文教学还是存在着一个衔接问题。面对这个衔接，我觉得可以尝试一下“要素联系”思维模式。即指导学生在审题的基础上，提取作文的要素；再对作文的要素进行联系，进一步确定文章的立意；进而围绕文章的立意，组织材料；最后在“要素联系”的基础上，结合材料梳理全文。

如果把这种“要素联系”的思维模式引入作文教学中，我们要考虑以下几个方面：

1.指导学生在审题的基础上，提取作文的要素。

第一步，审题。首先，审清作文题目，确定作文的类型。叙事作文，比如《一件小事》《令人难忘的事》《童年趣事》；记人作文，比如《我的同桌》《我的老师》《我最尊敬的一个人》；写景作文，比如《春》《观潮》《鸟的天堂》《秋色》。其次，审清题目的选材范围，比如《暑假里的一件事》。最后，看清题目的附加要求，比如字数、完成时间等。

第二步，提取作文的要素。作文六要素包括：时间、地点、人物、起因、经过、结果，启发学生从这六个方面入手，提取关键词。为了进一步打开思维，我们可以建议学生对照六要素，提取不少于三个关键词。

2.对作文的要素进行联系，进一步确定文章的立意。

对作文要素的联系，就是为了进行思维的创新。本质上，这种思维方法就是通过扩大思维的框架，拉开文字的距离，搭建一种新的文章结构，然后在结构中，通过填充内容，来完善文章内容。思维的独创性是创造性思维的根本特征，创新就是要敢于超越传统习惯的束缚，摆脱原有知识范围的羁绊和思维过程的禁锢，善于把头脑中已有信息重新组合，从而发现新事物，提出新见解，解决新问题，产生新成果。在对作文的要素进行联系时，需要确保这种联系的合理性、典型性和时代性。

确保这种联系的合理性，指的是作文离不开生活的现实基础，没有对生活的感知、认识和理解，这种联系就成了无源之水，无本之木。

确保这种联系的典型性，指的是那些有代表性的、最能反映事物本质的、最能打动人心的、最能表现中心的联系，这样的联系能以一当十，具有典型意义。将我们想到的符合题意的那些联系，一个个地从各个角度比一比，权衡一下，看看哪个联系最有说服力。

确保这种联系的时代性，指的是在写作过程中，优选那些紧贴时代脉搏、反映现实生活的联系。唐代大诗人白居易说过“文章合为时而著，歌诗合为事而作”。时代是不断发展变化的，这就要求我们作文的选材要跟上时代的步伐，体现时代性。

3. 围绕文章的立意，组织材料。

第一，紧扣中心。要选取与中心有关的材料。无论是叙事、记人，还是状物、写景，都要按中心意思来取舍材料。文章的主题要明确，如对社会上正确的现象加以歌颂，错误的现象给予批评。健康是文章的根本，对此必须首先要注意。中心要求集中，一篇文章一般只能有一个中心，各方面内容都要紧紧围绕中心。

第二，详略得当。一般来说，凡是与中心意思关系特别密切的，最能表现中心意思的材料，应该详写；对表现中心意思起辅助作用的次要材料，可以略写。

第三，力求新意。所选的材料要尽量有新意。有的小作者写《我的老师》，总是选取老师带病坚持上课、晚上在台灯下改作业等大家十分熟悉的材料，缺乏新鲜感。要使作文不落俗套，要尽量选取自己新发现的一些材料。

第四，善选材料。材料要真实，要善于选小材料。作文要记实事，说真话。记的是实实在在的事，才能写出真情实感。要防止夸大事实，更不能胡编乱造。要学会选择一些小的材料，一个人的思想品质、一件事的意义，往往从小事中反映出来，以小见大。

4. 在“要素联系”的基础上，结合材料梳理全文。

这种成文方式，特别需要的是，在“要素联系”的基础上，结合材料梳理全文，达到“脉络清晰、叙事具体、脱俗求异、字正意明”的效果。

脉络清晰，指的是文章结构清晰自然，能够把要说的内容说得清楚明白，能使文章井然有序，较好地表现中心思想。

叙事具体，指的是从叙述内容、叙述话语和叙述动作等多个方面，对事件的陈述一定要具体、全面。

脱俗求异，指的是写出自己的文章来，即写作要有独立性，借鉴别人，用自己的话说。

字正意明，指的是选词造句得当，意思表述明确。

5. “要素联系”作文方式的不足。

第一，“要素联系”的作文方式，具有片面性，只能说是作文教学的一种方法尝试，尚处于摸索阶段。

第二，“要素联系”的作文方式，只是在作文的构思阶段起到开阔思维的作用，在具体成文的过程中，作用和指导意义都非常有限。

第三，“要素联系”的作文方式，对学生的阅读能力和写作能力都提出了更高的要求，并不适用于基础和能力薄弱的学生。

第四，“要素联系”的作文方式，对教师的教学能力提出了更高的要求，教师要对不同学生的作文有不同的指导。

飞扬的记忆

在张家山的树荫下，在爷爷和蔼的目光里，我还梳着两个羊角辫，和小伙伴一起愉快地舞蹈，手举着冰棍听着夏天的蝉声，那就是我的世界。

匆匆走过卜家山菜场，成为一个学生，我扎起了马尾，那时的二十七中远没有现在的名气，但是小篮球场仍然是我们欢乐的海洋，琅琅的读书声承载了我们对知识太多的渴望。

透过安徽师范大学的山墙，我长发披肩，漫步大学校园。“为人师表”深深刻在我们的心里。绕着镜湖，在飘扬的柳絮中，一叶扁舟和远处的湖心岛，就成了我们女孩心中的桃花源。

有一天，我又重新回到了校园，剪成短发，在书本、作业中穿梭，虽然结婚生子，但一刻也没有忘记我的少女心。我更喜欢在步行街走走逛逛，在双桐巷的熙熙攘攘中吃一碗牛肉面，在花园街的市井中弄一碗凉粉，那时的我跳跃着，就像一只林中的小松鼠。

这个城市里，有了我太多的“第一次”：第一次叫“妈妈”，第一次上街，第一次春游登赭山，第一次上长江大桥，第一次坐动车，第一次……而我更喜欢被学生们包围着，像一个辛勤的园丁，呵护着我的花园，因为在他们的身上，还会有更多的“第一次”——孕育着期盼、渴望和梦想的“第一次”，释放着孤独、寂寞和忧伤的“第一次”，沸腾着快乐、欢畅和幸福的“第一次”。而他们的“第一次”都和这个城市有关——见证着这个时代，一定会比我们更崭新、更奋发、更有力量。

我让这种感受如同希望的种子，种到他们的心田，在学生们的细心呵护之下，化作点点字符，被记录在作文簿上。徜徉在他们用文字编织的时光中，在欢笑声中沉思、在嬉闹声中体会、在争执声中交流、在热泪中感悟……那种快乐，仿佛一队队满载希望的大雁在湛蓝的天际划过，见证着收获的时光。

我的家乡，让我拿什么奉献给你？我亲爱的学生们，你们就像我的孩子，愿你们的作文能“雁过留痕”，记录你们一起学习成长的日子，成为这个城市永远飞扬的记忆……

本文为“今日芜湖”“美丽的芜湖　我们的家”城市美文征集活动获奖作品。

《飞扬的记忆》创作谈

首先感谢“今日芜湖”App、《芜湖日报》报业集团、芜湖广播电视台等主办单位给我们提供了这样的平台，给了我这样一次难得的展示自己的机会，对所有获奖的选手表示衷心的祝贺！其次，我在此还要感谢所有给我投票的亲友，特别是支持我的学生、家长们，荣誉是属于我们大家的！

下面简单地介绍一下我创作《飞扬的记忆》的情况：

关于创作思路

在这次“美丽的芜湖　我们的家”城市美文征集活动中，我马上想起了我自己的经历，我觉得我的奋斗、我的成长，是和我们这个时代、这个城市，紧密结合在一起的。

文中的场景都是我们真实生活的状态，留在了记忆当中。

我的父母、我的家庭、我的亲人，都很荣幸地生活在这个时代，很荣幸地生活在这个城市。当今的时代，是中国历史上前所未有的最接近中华民族伟大复兴的时代。“中国梦”是我们每一个中国人，最真切、发自肺腑的梦想。作为一个普通和平凡的老百姓，我热情地拥抱这个时代，更感激这个时代，这个时代培养了我，也成就了我，所以讲到这个话题，我觉得我“有话说”。城市的发展历程，见证着个人的成长，谱就了一曲时代的篇章。

美文以外关于家乡的记忆

我的童年时光定格在张家山的场景中，格调是绿色的。原先，我就住在张家山幼儿园的后面，打开窗户就可以看见玩耍的孩子们，他们的欢声和笑语，以及那里的绿树阴浓记录了我的童年。现在的张家山高楼林立，小区绿化整洁美丽，电梯入户，彻底改变了原先的生活。

我的中学时光抹不去的是蓝色的关于二十七中篮球场的记忆。那时的二十七中还只有一个小小的篮球场，但是它承载了我们的梦想和希望。记得我挺着大肚子上班，那时的卜家山菜场熙熙攘攘，拥挤得很，我的妈妈天天陪着我，生怕有什么闪失。现在的二十七中已经改变了模样，在各级领导的关心支持下，基础设施已经发生了较大的变化，我们有了操场、图书馆，学生素质都有了长足的进步，整个学校师生的精神面貌都焕然一新。

我的大学时光是红色的，满满的都是大学生活的激情澎湃。在安徽师范大学上学，我们就很文艺，总是有那种小女生的情结，向往湖心岛，向往一叶轻舟，向往白马王子，但是你知道那种梦幻的东西和现实很不搭，你会看到有人在陶塘边用棒槌洗衣服，你不会接受那种很接地气的事情。说起来会觉得很遥远，现在看镜湖就是芜湖的一张名片，市政府都因为要打造这张名片而迁出去。现在站在镜湖边去聆听一下心声，满满的正能量，很温暖。

参加工作，有了自己的生活，那是缤纷的彩色。每天都在被这个城市的变化感动着，被学生的欢声笑语包围着，觉得生活如此美好。尤其深刻的感受，就是保兴埠的整治。那个时候我们住的公路局宿舍，就在保兴埠旁边，整治之前，尤其是夏天，气味很难闻，蚊虫也很多。整治以后，现在我们住在郁金香花园，小区的旁边就是保兴埠，人行步道、亭台楼阁、溪水环绕，这个城市的发展给了我们最真切的感受。

关于"承上启下"的创作主线

在这篇作品里，我设计了一条明线和一条隐线，同时也将作品分成了前后两个部分。简单地说就是"承上启下"。

"承上"是明线，是以时间顺序展开的，我的年龄和发型是线索，以叙述为主要写作手法，占据了作品的前半部分。

"启下"是隐线，是感情的脉络，体现的是一种传承，以抒情为主要写作手法，集中在作品的后半部分。

前半部分突出选取了在我各个年龄段有代表性的地标，我相信，我的同龄人应该会深有同感。

后半部分采用大量的排比、拟人、比喻，来丰富结构层次。

全文共13句话，分成7个自然段。通过在文中频繁地使用长句，利用场景的转换和时间的展开，在文中抒发流动在指缝间的情感，不仅是基于一种对教师职业的热爱，一种对中华文化的自信，更是一种对传承的责任感。我觉得，这些在我的文中都有所体现，虽然受制于作文水平有限，我觉得我还可以做得更好。

关于创作背景

我是2001年大学毕业参加工作的，2007年结婚生子，2008年再回到工作岗位的时候，发现"不适应"。这个"不适应"，不是我不适应，是我的学生家长不适应。他们觉得两个方面不适应，一个方面是我的长相比较小巧，穿着比较时髦，现在叫“日韩风”，那个时候叫“不成熟”，他们不信任我；第二个方面是我刚生完孩子，家庭负担比较重，他们担心我不能全身心地投入教学工作中。其实，事物都是两面的，比如我的“日韩风”，这样就很亲切。我很学生化，从新生报到开始我能很快地融入学生群体，成为学生可以信赖的大朋友，不到一个星期，家长不知道的小秘密，我都能一手掌握。第二个方面，其实也好理解，在什么人生阶段干什么事情，我做了我该做的事情，正好轻装上路，开启人生的新征程。

我首先争取了我家庭的支持，其次我开始考虑自己的发展方向，最后确定了以作文教学为主要突破口，开展教学活动。通过一阶段的持续教学，学生的作文水平突飞猛进，让我自己都惊讶。那届的学生一个班将近60%考到一中、附中，家长对我都刮目相看。我也通过这件事情感受到了成功的喜悦。

在那届学生的基础上，经过连续两届的经验积累，我总结出了“雁过留痕”作文教学法。所谓“雁过留痕”作文教学法就是通过“读、听、说、写、改”的五步综合教学，来提高学生的作文能力，因此也叫“五步教学法”。

2014年，我将“雁过留痕”作文教学法相关的教学论文和学生作文整理成册，最终在2015年印刷作为交流材料，当时选取的100多篇学生作文都是在报纸杂志上发表过的，取名叫做《每个记忆都值得珍藏》。我还是非常用心的，当时找了武汉的公司设计封面，找了上海的公司印刷，虽然现在看起来只有薄薄的130页，还是略显单薄，但是我保证绝对原创，而且是心血凝结，所以当这个小册子拿到班级的时候，我们全班都沸腾了。

2016年，我再次对《每个记忆都值得珍藏》进行修订，增补了学生作文，又印刷了500本。

2017年，《每个记忆都值得珍藏》由合肥工业大学出版社正式出版，240多页，很厚实，拿在手里沉甸甸的，很有成就感。

《飞扬的记忆》就是在这样的教学背景下创作的，也是对我工作经历的总结。

关于创作结构

在这篇作品里，我在结构设计上努力想表达的意思有两层：一个是自信，另一个是传承。

说到自信，主要是基于对文化的自信。我希望通过这种参与征文的方式，展示我们对语文学习的自信，对中华文化的自信，对自己的自信。这是一种重要的方式和平台，很感激主办方让我参与到这样的平台，如果以后有机会，我要让我的学生们也参与其中。这种参与，也就如在他们的心中种下了一粒种子，它会生根，更会发芽，还会开花，我想我们大家都会乐享其成。

说到传承，梁启超《少年中国说》中有我们耳熟能详的句子：“少年强则国强，少年智则国智，少年富则国富，少年独立则国独立，少年自由则国自由，少年进步则国进步，少年胜于欧洲，则国胜于欧洲，少年雄于地球，则国雄于地球。”作为一名教师，我牢记着“为人师表”，对于“师表”我更加强调“表”，也就是“以身作则”，我希望通过我的个人奋斗和成长的经历，给学生传递一个信息：学习是一个长期的过程，是一个终身受益的习惯，是一个值得信任的忠实伙伴。

给年轻学生们的建议

作为一名语文老师，在作文学习上，我还是要给年轻学生们提两点小建议：一是多阅读，养成读书的好习惯；二是多写作，养成勤练笔的好习惯。

对家乡发展的期待

城东的发展有目共睹，规划合理、交通便捷、配套完善。

未来的龙湖新城、江北跨江联动都值得期待。

最后，在农历新年即将到来之际，再次感谢主办方给我们提供了这么好的学习和交流的平台，也谢谢给我支持鼓励的各位亲友！对所有获奖的选手表示衷心的祝贺！预祝大家在新的一年里万事如意、身体健康、阖家幸福！谢谢！

阅读求甚解

谈到阅读，我还是“有话说”。

首先普及一下“不求甚解”这个成语。甚：很，极。即只求知道个大概，不求彻底了解，常指学习或研究不认真、不深入。所以我去掉了“不”，留下了“求甚解”。我突然觉得我的这个题目有些大，不要紧，我先来说一件在我身上发生的真实的事。

家长都说现在孩子难管，何尝不是，其实老师也难管学生。在我的课堂上，就有学生公开叫板，说：“邢老师，都说你作文教得好，什么时候你也写一篇文章让我们看看？”我给噎个半死。说实话，我的日子也很“潦草”，整个的“三点一线”，自己家、学校、父母家——这也好理解，生活、工作、吃饭。还记得谌容的小说《人到中年》吗？那就是我的生活状态。可是我的学生直接来“踢馆”了，你说我能“置之不理”？怎么办？应战！写文章！无意中看到了“美丽的芜湖　我们的家”城市美文征集活动，我心思一动，就来了一篇《飞扬的记忆》。这篇文章最终获了奖，当然，作为老师，我觉得更重要的是荣誉。

我说这件事的目的，只是希望通过“现身说法”的方式，结合我的个人奋斗和成长的经历，给学生传递一个信息：学习是一个长期的过程，是一个终身受益的习惯，是一个值得信任的忠实伙伴。而阅读就是学习的一种重要手段。阅读的积累，就是学习积累的过程。阅读是讲究方法的，这个方法是什么？我的理解就是，要运用课内语段的阅读技巧和方法，活学活用到课外语段上，当然也包括习作的写作上，我说的“阅读求甚解”就是这个意思。

具体说起来，我们在阅读的时候要充分考虑以下几方面：

首先，要看章节标题信息，揣摩文章全文线索和脉络。这种方法适用于篇幅不太长的中篇作品，我举的例子是鲁迅的《社戏》。这篇小说以作者少年时代的生活经历为依据，用第一人称写“我”20年来三次看戏的经历，刻画了一群农家少年朋友的形象，表现了劳动人民淳朴、善良、友爱、无私的好品德，表达了作者对少年时代生活的怀念。

其次，要通读全文，把握文章的内容，理清脉络，要对文章有一个整体的理解和认识。像《钢铁是怎样炼成的》这样的长篇作品，就必须静下心来通读全文。必要的时候可以摘抄文中佳句，来加深对文章的整体认识，从而把握文章的内容，理清文章的脉络。

再次，化整为零，理顺文章内容，掌握文章结构，进一步概括文章中心思想。尤其是章回体小说，我特别强调这种方法。比如《水浒》《红楼梦》等，因为涉及的故事、人物比较多，在选取重点章节阅读的基础上，再合并、归纳、总结。同时我要强调的是对人物的理解，一定要将性格的归纳放在具体的事件当中，这种一一对应的关系，是我们在做阅读理解的过程中，必须要考虑的。像《鲁提辖拳打镇关西》中鲁提辖救助金氏父女，表现了他富有正义感、疾恶如仇、慷慨豪爽、勇而有谋、粗中有细的性格特点，这些都需要在作品中找到对应。尤其是鲁提辖的勇而有谋、粗中有细的性格特点，在文中是这样表现的：到后来不慎失手打死郑屠，他也是随机应变，遇险不惊，假意道："你诈死，洒家和你慢慢理会。"一头骂，一头大踏步去了。再比如《林黛玉进贾府》，通过语言、神态、动作等的描写，表现了林黛玉美貌多情、体弱多病、心态复杂、言行谨慎的性格特点。尤其是"上无亲母教养，下无姊妹兄弟扶持"这句话，就值得仔细揣摩。当然，以我们的阅读能力来评价名著，未免有些勉强，但是在阅读中带着问题去思考，使阅读的水平和层次得以提升，这就不失为一次好阅读。

第四，把握对重点章节、重点段落、重点语句的理解，尤其是重视对修辞、描写手法的运用。这里我要特别地说到朱自清的《背影》，在作者脑海里印象最深刻的，是他父亲替他买橘子时在月台攀上爬下时的背影。作者用朴素的文字，把父亲对儿女的爱，表达得深刻细腻，真挚感人。从平凡的事件中，呈现出父亲的关怀和爱护。我们在课内的语段学习中，也是特别强调朱自清的这段细节描写。正是这种细腻的刻画，成就了《背影》的经典。

最后，扩展对文章的写作者、写作年代背景的了解，有助于对文章整体的进一步把握。尤其是名著的阅读，比如阅读普希金的《假如生活欺骗了你》，就一定要了解这篇作品的背景。这是当时普希金流放敖德萨同当地总督发生冲突后，被幽禁期间创作的一首诗歌。只有短短的八句话，却表达了一种积极乐观而坚强的人生态度，并且因它亲切和蔼的语气，让许多人把它记于自己的笔记本上，成了很多人激励自己勇往直前、永不放弃的座右铭。

这些就是我们在课内语段学习中常用的分析方法。阅读求甚解，体现的就是在熟练掌握课内学习的技巧和方法的基础上，能够灵活运用到自己的语文学习中。作为一名教师，我牢记"为人师表"。对于"师表"我更加强调"表"，也就是"以身作则"，我希望通过我个人的努力，给学生做个表率。

记得诚品书店的创始人吴清友先生有一句名言："阅读是一种信仰，一个人无论走多远，肉身都是囚禁在自己的'狱'内，而阅读，是一种精神上的越狱。"所以，要想驾驭"阅读"，就一定要"求甚解"。

本文发表于《大江晚报》2018年3月8日WBB04版 教育周刊。

面条加鸡蛋

春回大地，艳阳高照，整个城市笼罩在一片和煦的春光中，那种沁人心脾的暖色调比穿什么春装都要自然、清新、时尚。

难得这样一个闲暇的清晨，我漫步在雕塑公园里。

林徽因说，真正的淡定，不是避开车马喧嚣，而是在心中修篱种菊。

远处的青山，近处的嫩芽，草丛中的露滴，沐浴在清晨七点的朝阳里，闪烁着耀眼的光芒，把希望一点一点地呈现在世人的面前。

瞬间，心旷神怡。

回家，一眼就看到了儿子摆在醒目位置的习作——《面条加鸡蛋》，忍不住拿起来一看，一早上的好心情瞬间就烟消云散了。

文章开头就是儿子对爸爸"歌功颂德"的"吹嘘"："从小到大，在我心中最感激的人，是我的爸爸；在我心中最爱的人，是我的爸爸；在我心中最重要的人，还是我的爸爸。从小到大，他都是那么地疼爱我。对我来说，父爱就像每天早上的面条加鸡蛋，既寻常又伟大。"

文章里详细写了爸爸的面条："记得从我上小学开始，爸爸从来不睡懒觉。每天早晨一起来，他就在厨房里忙碌着为我做早餐。小笼汤包、水饺、烧卖、馄饨……能想到的都做到了。但我早上起来，还是喜欢吃面条，因为煮面条有汤水，放点榨菜就更有味道了。于是爸爸就经常给我煮面条吃。"

特别的是"爸爸秘制鸡蛋"，他是这样描述的："但是爸爸又要考虑营养，于是就在面条里面打一个鸡蛋。我不怎么爱吃鸡蛋，尤其觉得蛋黄很难吃。爸爸就想了一个好办法，每次控制煮鸡蛋的时间，保证里面的蛋黄可以吸。每当爸爸看着我大口大口地吃他做的早餐的时候，都会露出欣慰的笑容说：'怎么样，老爸的手艺还不错吧？''哇！真好吃！'我边吃边说。"

我"怒气冲冲"地问儿子："爸爸真的那么伟大吗？"儿子的回答让我无地自容："难道每天不是爸爸在给我做早餐，送我上学吗？"

我的眼角扫到了一张"坏笑"的脸。

曾记得，儿子刚开始会叫"爸爸、妈妈"的时候，我那个"不省事"的老公就设置了一个自助电话铃声：他先说"你最喜欢的是哪个"，再让儿子自顾自地大声喊“爸爸”！这样连在一起，不知道的还以为“父子一心、惊天动地”，让我好有压力。

其实，儿子，你不知道，我哪一天不是全家最早出门的！儿子，你不知道，我每天面对的是一百多双渴求知识的眼睛！儿子，你不知道，我面对摞得像山似的作业本的那种无奈！儿子，你不知道，正是因为我的付出，学生每天热情高涨的求知欲，让我浑身充满了力量！

虽然，我对你有些愧疚，但，想到有一天你会为我所做的这一切而骄傲，我又有些坦然了。

儿子，妈妈爱你，用自己的方式。

本文发表于《大江晚报》2018年4月9日WBA15版。

那年暑假

我依然记得我的暑假。

早上睡到太阳耀眼睛才懒懒地起身，我会坐在床沿边晕上好一会儿。“晕床”是我特有的起床方式，我就这样头耷拉着，手臂自然垂落搭在床边，也不说话，静静地坐半天来发泄我的“下床气”。这个时候我的头脑里一片空白，待到稍微清醒了一些，我才起来洗漱。家里没有人，70年代的我们，父母都要上班，单位管得紧，他们是根本没有时间来照顾我们的。我就是家里的“大（dài）王”。我记得一直以来，“大（dà）王”在我们的字典里都是称为“大（dài）王”，只是高中的时候，又改成了“大（dà）王”。就是现在看1986年版的《西游记》，一旦听到欢呼“大（dài）王”的声音，我还是会莫名地兴奋起来。我拒绝不了那种不受拘束的诱惑，是我的潜意识的狂欢。

只是早上起来没有什么早点吃，最多就是白铁锅里还剩下的一点烫饭。芜湖话里的烫饭，就是隔夜的剩饭加了水煮熟了，略比粥浓稠一些。舀起来一点，就上家里自己做的咸菜，那真是美味。其实咸菜很普通，就是春天把菜薹用粗粒的盐，一层菜薹一层盐，整齐地码在水缸里，待到腌制好的时候，取出来蒸一下。提鲜的诀窍在于，蒸好的咸菜上面必定要淋上一勺浓浓的菜籽油。那个菜籽油黄灿灿的，在锅里加热的时候，能清晰地看见锅底缓缓泛起的一个个气泡。咸菜上面放一些蒜末，油淋下去的时候，热腾腾的，冒出白烟，透着我们童年的幻想和希望。即使三十年后，我还愿意多拐二十分钟的路程，专门去吃一碗光面，因为在那家街角的早点铺，还可以就着面吃上这样的咸菜。菜是咸的，回忆是甜的。

接着开始一天中最重要的事情，就是做暑假作业。早上的时候凉爽一些，我就会趴在家里的凉床上开始做作业。我印象中的凉床，总是给抹的油光发亮，可以当餐桌、书桌、午憩的床，也是我看电视时的凳子。夏天的凉床在没有空调的日子里，那绝对是一件必备品，还有蒲扇、绿豆汤，合称“三件套”。用的时候取下来，不用的时候挂在楼梯道的上方，也不占空间。我的父亲特地做了几个挂钩在那里，方便取挂。对暑假作业的印象不深了，对孩子来说，暑假作业形式大于内容。但是这种学习习惯，我一直保持了下来。而且，我也没有那种和同学在一起做作业的习惯。印象中，院子里的孩子们习惯于分工合作，各自做一部分暑假作业，再“相互交流”合起来把作业抄完。在他们的眼里，我是一个 “异类”。我蔑视他们的做法。我记得老师布置每天一张方格纸的练字，我坚持用心写。到开学老师批改后，给了我一个“优”。待到发回手上的时候，某个调皮的孩子在我名字后面还加了一个带括号的“女”字。我到现在都不能释怀。

吃完中饭，就进入了下午“黄金时代”的上半场。天气炎热，也没有地方可以去。不午睡，也不能去打扰午休的父母。这个时候，我习惯找一本小书来看。我记得看过印象最深的是《五困瓦岗寨》。那是一本在书店特价淘来的武侠书，讲述的是小英雄罗成的故事。因为是评书的版本，往往峰回路转的时候，来一句“花开两朵，各表一枝”，感觉特带劲，充满一种探究结局的诱惑，于是就这样看下去。厚厚的一本书，我大约看了好几遍。这个过程里，因为兴趣使然我还接触了收音机播放的评书，刘兰芳的《岳飞传》、单田芳的《三国演义》都听过，但是每天20分钟左右不过瘾。于是，但凡能找来的书，我都愿意翻翻，只是对名著系列还真的没什么兴趣，关键是不太理解，总觉得里面涉及的情节很古怪。就像《红与黑》，于连凭借自己的聪明才智也可以过上像样的生活，不知道为什么还是要走捷径，最终毁于一旦。但是《基督山伯爵》就不一样了，我特别崇拜大仲马设计的牧师解救爱德蒙·唐泰斯的情节，跌宕起伏，迂回曲折，好过瘾。还有《铁面人》，我是通过黑白电视机才知道这个故事的，但是只收看了一个片段。于是我就发动各种关系找来了一本连环画，才了解了故事的来龙去脉。直到我将近40岁，“达达尼昂”才陆续登上我的书架，尤其是那句座右铭“人人为我，我为人人”让我想起高中课本上一样的话。

“黄金时代”的下半场以父母上班为开场，我们开始今天最精彩的“社交活动”。当年我们住的都是家属院，也就是一个单位里的同事住在一个院子里。大人们熟络，孩子们都没有距离感。院子里的孩子和外界隔开成了一个独立的小天地。三五成群地聚在一起，窜个门，要么打扑克，要么玩皮筋，要么下棋。总之，只要是聚在一起打发时光，能想起的活动我们就直接去做了。郭富城、刘德华大约就是那个时候，走进了我的生活。我们也不排斥诸如希瑞、忍者神龟、变形金刚，只是关注度分配多少而已。但“小虎队”里的苏有朋是台湾大学的学生，给我尤其深的印象。我不否认，这是我关于偶像的正面影响，当我的父母建议我上中专好有个稳定工作的时候，我果断拒绝了。鉴于我对未来美好生活的憧憬，我不能苟且我的倔强。所以那些皮孩子窜出院子去钓鱼摸虾的事情，我是不会做的，虽然我也曾对此充满幻想，但是想起回家面对父母的斥责，顿时就失去了勇气。而且但凡是这样的活动，总有些年龄较大的“孩子王”，而在我们的父母眼里，这样的孩子是不成器的，联想上他们的父母，甚至会被告诫“不能和他玩”。他们在最需要读书的年纪把最宝贵的精力浪费在太多无谓的玩耍上。回想这么多年过去了，大院子里通过读书来改变自己命运的也是屈指可数。插上一句，我大学的第一个“十一”假期，全班同学一起在操场边的小水沟里钓龙虾，那完全是另一番体验了。从侧面来说，环境对人的影响很大。“千金买房，万金买邻。”前一阶段我家亲戚就遇到这样一件事情，楼下的邻居找上门来，说是两年前楼上曾经漏水弄脏了他家卫生间铝扣板吊顶，要求更换。可是当时第一时间已经联系物业维修好，双方处理都非常友好。没想到时隔两年，邻居上门要求赔偿，还理直气壮地说现在心里感到不平。这样的说法，让人匪夷所思！吵闹了一个月，亲戚拿钱买安，才算告一段落。说来听的时候，还是有些撕破脸皮的疼痛感。如果这真是我生活的环境，我是决然要离开的，“孟母三迁”的道理绝不需要我再来普及。当年如果我不静下心来读书，和那些孩子们一样肆意玩耍，大约也不会有我现在的生活。大约院落里那棵最大的杉树的树梢，在太阳下的影子抵住了家属院小道的边缘，也就五点多的时候，我就要回家了。在父母回来之前，我先要把家里的地用带水的拖把擦拭一遍，再用热水擦拭一遍家里的芦苇草席，最后还得把饭放在锅灶上加热一下。做完这些，即将迎来凉爽的夜晚。

在没有空调，而且没有有线电视，主要是黑白电视机的年代里，能让我们离开昏暗路灯的唯一理由就是《西游记》。但是播放完，我们还是会再次聚到大院里的空地上。因为有父母们在，我们这些下午分散活动的孩子们才会重新聚集起来。只是大多数都已经洗了澡，活动的幅度被严格限制了。这个时候，我总是习惯跟在我父亲的身后，看他下象棋，或者去花坛抓蚂蚱，芜湖话总是非常亲切地叫成“蚱蚂子”。随随便便就能抓到一小把，我总是小心翼翼地摘掉它们粗壮的大腿，让它们安静地待在我的纸盒里，再揪下一把野草给它们营造一个温暖的小窝。但是花坛里的野草大约也只有“狗尾巴草”是我最熟知的。儿子小学的时候，我曾带他去雕塑公园捉蚂蚱，但是和我当年的不一样，原先的是绿油油的身子，在手里有一种让人怜爱的感觉，现在捉的是黑黑的“土蚂蚱”。即使做了防护，穿了灯笼裤，还喷了花露水，儿子还是被叮了一身包，气嘟嘟地说自己是去喂蚊子的。

等到躺在床上的时候，暑假的一天就这样过去了。家里的窗户、阳台门都开着，头朝着门的方向，为了防止受凉，即使再热母亲都会在我的小肚子上盖一条毛巾。四周一片黑暗，远处隐约有一点黄豆大小的亮光，就着依稀的蛙鸣声，我就这样迷糊地睡着了。

人生有时候就像一场梦，远去的暑假一直在我的记忆里。我多想在一觉醒来的早上，母亲又对我大喊“还不起来做作业”！

镜湖作家协会微信公众号2020年9月13日推送。

劳动筑起中国梦

亲爱的同学们：

大家好！今天我演讲的题目是《劳动筑起中国梦》！

就在我们复兴中学的校园里，还存在着不尊重劳动的现象！就在刚才，还有同学乱扔矿泉水瓶！当别的同学指出，垃圾桶近在眼前的时候，他竟然还说“我们把这样的事情做了，还要保洁员干什么?”

这是怎样的不尊重劳动！这是怎样的不理解劳动！这是怎样的不愿意劳动！现在，我面对全体复兴中学的同学们，振臂高呼，发出倡议：“热爱劳动，从我做起”！

我们要尊重劳动，因为劳动是中华民族的传统美德。我们中华民族是热爱劳动、勤于创新的民族。“民生在勤，勤则不匮。”人类社会的发展，离不开劳动；科学技术的进步，离不开劳动；经济文化的繁荣，离不开劳动。正是各个岗位上的劳动者默默无闻的辛勤付出，才成就了我们上下五千年的辉煌。每一个社会主义劳动者，都是我们中华民族伟大复兴的建设者。建设知识型、技能型、创新型社会，需要劳动；弘扬劳模精神和工匠精神，需要劳动；营造劳动光荣的社会风尚和精益求精的敬业风气，也需要劳动。

我们要理解劳动，因为劳动是财富的源泉，也是幸福的源泉。“不积跬步，无以至千里。”人世间的美好梦想，都是通过劳动实现的；发展中的各种难题，都是通过劳动破解的；生命里的一切辉煌，都是通过劳动铸就的。习近平总书记强调，“劳动最光荣、劳动最崇高、劳动最伟大、劳动最美丽。全社会都应该尊敬劳动模范、弘扬劳模精神，让诚实劳动、勤勉工作蔚然成风。”

我们要愿意劳动，因为劳动更体现了一种责任担当。“国家兴亡，匹夫有责。”劳动不分贵贱，体力劳动和脑力劳动只是社会分工的不同。一切从事劳动的人都是伟大中国梦的践行者。梁启超在《少年中国说》中写道：“少年智则国智，少年富则国富，少年强则国强。”我们莘莘学子，只有愿意劳动，才能成就中华民族的中国梦！只有愿意劳动，才能成就中华民族的伟大复兴！只有愿意劳动，才能成就这个伟大时代的最强音！

亲爱的同学们，我更希望大家在这样一个伟大的时代里，“热爱劳动，从我做起”，为践行社会主义核心价值观，尊重劳动、理解劳动、愿意劳动，用劳动筑起中国梦，走好人生的每一步，不负时代，不负自我！

谢谢大家！

本文发表于《大江晚报》2019年6月8日WBB03版：T3。

春江水暖心已知

“手牵手一起度过，爱永远在你左右……”东方卫视正在播放着一首抗击疫情的主题歌曲，听着歌声，我的脑海里追忆着关于武汉的一切。但是现实冰冷地提醒着我，大量的医护人员正咬紧牙关坚守在一线。

我曾幻想着在樱花漫天的武大校园里，放飞自己青春的舞步。

这个不寻常的春天，注定被载入史册。“千山同一月，万户尽皆春。”各级政府迅速组织，社会各界积极行动，投入了大量的人力物力，谱写了一曲气壮山河的全民抗疫进行曲。一个个北风呼啸的夜晚，他们在收治病患；一张张洁白的病床前，他们在争分夺秒；一盏盏耀眼的无影灯下，他们在竭尽全力。

我曾渴望登顶黄鹤楼，一览江面烟波，品尝武昌鱼的鲜美。

“千江有水千江月，万里无云万里天。”我无法忘记，武昌医院院长刘智明的妻子追在灵车后面，痛哭失声的身影；我无法忽视，那一双双被医护手套包裹得发白的手掌，甚至为了避免上厕所更换防护设备，用上的尿不湿；我无法回避，武汉市金银潭医院院长张定宇隐瞒自己渐冻症的病情，支撑着自己萎缩的双腿，和时间赛跑；我更不能不被感动，感染新型冠状病毒肺炎治愈20天后，张定宇的妻子捐献血浆，帮助抢救其他患者的生命。

我曾特别羡慕池莉小说里熙攘繁华的吉庆街，去仔细品咂那一个个鸭脖的美味。

这场史无前例的新型冠状病毒肺炎疫情，带给了我们深刻的思考。“没有买卖，就没有伤害。”人作为高等生物，本质上还是自然的一个组成部分。为了避免再次遇到类似的灾难，我们必须要学会敬畏自然，敬畏生命，拒绝“野味”消费陋习。

“无财作力，少有斗智，既饶争时，此其大经也。”我要引用《史记》中的这句话来勉励我们每一个人。没有财富的时候就应努力劳动创造财富，稍有财富以后就要凭智慧去经营，这是发财致富的常理。只要你坚持努力，人生处处都有机会。

我也曾希望漫步武汉大桥，感受一下两座“江城”不一样的脉搏。

作为一名语文老师，我积极响应政府号召，坚持居家隔离。一方面就我的“阳光云课”内容为学生答疑解惑，同时就当前抗击疫情的社会热点，坚持在线指导学生写作，“停课不停学”。

春江水暖心已知。要不了多久，春天就会带着一身灿烂，把她的幸福撒播到江汉大地！相信这个春天，一定比以往更加辉煌！

芜湖新闻综合广播公众号2020年2月25日推送。

“顽皮”的邢老师

我的父亲，和普通大众一样，是个上班族，在那个年代上山下乡，和我的母亲相识相爱，一同返城，在这个熟悉的城市里忙活柴米油盐。

在我的印象里，父亲是争强的，有一股年轻人不服输的劲头。当年在公路局汽修厂车间工作的时候，他是车工。那个年代物资匮乏，许多零件设备坏了都需要单独加工。他对尺寸的精益求精让人敬畏，而且记性好，但凡是他看过的零件，他做出的尺寸分毫不差，加工后的零件遇到需要再加工的，他驾轻就熟地立马复制，这成了他的绝活。遇到难琢磨的图纸，他就一遍一遍地边看边试，单位的高级工程师都要和他探讨关于零件加工的制作工艺。而能够让高级工程师不耻下问的原因是，父亲连续发现了他制图上出现的多个错误，为单位挽回了可以预见的损失，于是大家都尊称他“邢老师”。

说到“邢老师”，其实我的父亲在下放的时候，是做过代课老师的。正因为如此，他对我的要求就很严格，小时候，因为读书，我吃了很多苦。我挺反感的是发成绩单的时候，其实我明明考得还不错，但和大院子的同事讲起来的时候，往往就因为我的单科成绩比别人低，他就会不依不饶给我布置作业，还美其名曰“补缺补差”。没想到，这么做的结果是，培养出了我这样一个老师。现在我也有了孩子，他对孙子的态度就大不一样了，碰到我训斥儿子的时候，他往往不作声。等和孩子单独在一起的时候，他总是很体贴地鼓励他，安慰他，答疑解惑，我就不知道他哪里来的耐心。有时候他像个小跟班，提着球在后面，陪我儿子“屁颠屁颠”地去踢球。孩子们踢球，他就站在旁边，高兴起来也偶尔踢一脚，不经意的眼神里满是慈爱，“顽皮”得像个孩子。

说到“顽皮”，父亲爱玩是出了名的。在路灯下下一晚上象棋，身上全是蚊子叮的包，却赢了一兜的散香烟。斗地主，能把牌算得清清楚楚，还能让人心服口服，真是不亏了“邢老师”的名号。所以母亲经常会弄不清，电话那头究竟是找哪个“邢老师”。

时光荏苒，岁月如梭。我们平静的生活里，并没有什么波澜起伏的浪花，有的都是一地鸡毛的琐碎，也许这就是生活本来的样子。时光在父亲的鬓角留下了霜白的银丝，充满了对生活的执着；岁月在父亲的脸庞刻下了抹不去的皱纹，也像那个从不断电的冰箱，默默“顽皮”地守护这个小小的家。

我爱我的父亲。

镜湖作家协会微信公众号2020年10月3日推送。

风伫沉香

教案1（改前）：我不再害怕

从小，我就很害怕写作业，特别是作业多的时候。一到写作业的时候，我便开始诉苦："作业好多啊，写完这个还有那个。"每当我这样想，我就总感觉作业永远写不完，于是就根本懒得去写了。［点评：这样的习作，仍然要求我们学会使用欲扬先抑的写作手法。(1) 需要说明的是开篇需要定义"害怕的对象"，文中表达的是"作业多，害怕写作业"；(2) 结合上下文，小作者实际表达的意思是"作业多，不愿意写作业"；(3) 这样开题的结果，为下文的展开设置了障碍，为下文中解释"不再害怕"增加了难度。］

一个风和日丽的星期五，快要放学了。我的心情十分激动，忙碌了一周，终于可以休息了。课代表陆陆续续上讲台抄作业。讲台周围挤满了人，我已经收好了书包，便跟几个同学一起回家了。吃完了晚饭，我和几个小伙伴一起打篮球，之后便回家睡觉了。

第二天，该写作业了。我要来了妈妈的手机，准备抄作业。不一会儿，我便浑身无力——这周的作业特别多。看着作业记录本上密密麻麻的作业，我根本提不起劲来，便趴在桌上发呆。吃完了早饭，便已经到了中午。［点评：典型的"流水账"的记叙方式。这两个段落的铺垫作用都没有发挥出来。比如，逃避作业开小差，表达方式有很多种，如"我耷拉着脑袋看着作业本，一排排的数字手拉着手正和我捉迷藏，一会儿跳到左，一会儿跳到右，我怎么也抓不住。这时，窗外的小鸟正叽叽喳喳的，好像是在为他们加油似的！惹得我的心，也随着他们的跳跃音符飞到了操场上"。］

我已经不得不去写作业了。我不情愿地拿起了笔，写起了作业，但不一会儿便又提不起劲了。这时，妈妈走了进来，看着我苦恼的样子，妈妈笑着说道："作业是越写越少的，你放在那不写，它又不会减少，你不要想着还有多少作业，只想着把手里的做完就行了。"于是，我开始试着照做。我挑了一本最少的，开始认真地写了起来，不一会儿，便把一项写完了。我开始接着写其他作业。时间无声无息地过去，当我写到最多的一本时，发现作业记录本上已经打满了勾。我一鼓作气，写完了所有的作业。看着那一堆像小山一样的作业本，我不禁露出了欣慰的笑容。［点评：(1) 在文章主体部分，对"不再害怕"的诠释过程有些牵强，"作业多，不愿意写作业”和“作业多，害怕写作业”还是有区别的；(2) 个人觉得，“妈妈的鼓励”能让我以积极的姿态来完成作业，而不是对写作业的“不再害怕”；(3) 我想让我“不再害怕”的原因更应该是一种方法或一种思路。在妈妈的鼓励和支持下，找到解决问题的办法，这样才会给文章出彩。]

以后，我再也不害怕写作业了。

全文点评：(1) 语言完整，通畅流利，中等作文。(2) 文意表达的是：“作业多，害怕写作业，在妈妈的鼓励下，我做完了。”这样的设计，有欠缺。(3) 要想拿到高分，我觉得在结构上首先需要解决两个问题：我为什么害怕？我怎样不再害怕？解决第一个问题，文中给出的答案是“作业多，害怕写作业”，我建议改成“作业的错误率高，害怕写作业”；解决第二个问题，文中给出的答案是“妈妈的鼓励”，我的建议是在“妈妈的帮助下归纳错题、总结学习方法、提高学习效率”。

教案1（改后）：我不再害怕

有一段时间，我特别害怕写作业。（点评：开门见山。）

刚上小学时，我的作业总是能全对，得到老师的表扬。后来，随着年龄的增长，作业变得难了，特别是数学作业，每次写作业我都要费尽九牛二虎之力。好不容易写完了作业，第二天发下来，却打满了“小叉叉”，我便对写数学作业失去了信心。（点评：开篇明义，提出“我害怕什么”的问题。）

一个周末，我做完了其他作业，开始写数学作业，这次的作业尤其难，我做着做着便抓起了头发。一串串有规律的数字在我面前像一群顽皮的猴子让我心烦；看似简单的题目仿佛跟我玩游戏而故意变了个样让我无从下手；应用题更是让我毫无头绪，感觉头脑发昏。我无力地趴在了桌子上，隐约看见楼下的篮球场似乎有人在打球，幻想着和好朋友打球的场景，心思早已不在作业上。时间不知不觉地过去，我的作业却还是只做了几题。

正当我眉头紧锁，不知所措时，妈妈走了进来，我急忙向她寻求帮助。妈妈看了看我的题目，皱着眉对我说：“有些题目老师上课一定讲过，是不是因为你没有认真听讲才会出错？即使简单的题目你也因为计算出错，作业怎么能写得好？”我看了看自己前面做的题目，其实并没有许多难题，不少都是因为粗心而计算出错，导致一错到底，我不禁羞红了脸。妈妈对我不会的题目做了详细的讲解，我也认真地检查了自己的计算，第二天作业果然全对。（点评：解决问题，具体展开“不再害怕”的对策。）

自此我又重新获得了信心，一改以前上课走神的毛病，上课时跟着老师的节奏认真听讲，回家后先复习，做作业感觉“下笔如有神”。我也改掉了粗心大意的坏毛病，不再因为计算出错了，做作业的速度和质量都得到了很大的提高。

以后，我再也不害怕写作业了。（点评：结尾干脆利落。）

教案2（改前）：病毒无情，人间有爱

“爆竹声中一岁除，春风送暖入屠苏。”新春佳节，我们在爆竹声中享受屠苏酒的温暖！但2020年的春节，这个不平凡的春节，一场来势汹汹的疫情，医护人员冲锋前线，牵动着国人的心，屠苏酒的温暖变成了众志成城、抗击病毒的温情。（点评：诗句的引用，使文章增色不少。）

明知前方山有虎，但总有一群人“不计报酬，无论生死”，迎难而上！1月23日，武汉封城。小年夜，唯一一列赶往武汉的高铁上，是上海驰援武汉的第一批重症和呼吸科医师！南方医科大学南方医院千名医护人员主动请缨，发出“若有战，召必回，战必胜”的铮铮誓言！一个个红手印，一个个红印章，表现的是他们视死如归的爱国奉献，彰显的是他们对使命职责的忠诚坚守。

疫情猖獗，84岁高龄的钟南山院士再度奔赴一线，坚守前方，以血肉之躯撑起一道生命屏障！我们深知，钟南山院士“双眉深锁为谁忧，鬓发银丝为谁愁”。他们或许并非身怀异禀，却有一颗温热执着的心、一面不留名的背影，他们身体力行地诠释着那句箴言：“英雄就是普通人拥有一颗伟大的心。”

越是危亡之时，越能见人心。在这场无声的战役中，此时已是风声鹤唳，草木皆兵，有勇敢的战士赤着脚，高歌着穿越丛丛荆棘，奔赴前程。市民为医生点餐送去祝福，温暖众人；行路之人为警察送上口罩，被问贵姓，却只回答“我是中国人”；来自世界各地的捐助纷纷飞向中国，万千小流汇成一股巨大的力量。无名战士义无反顾地集结前行，寒风中你们背包的身影感动无数人。（点评：结构上不够灵动。在罗列事例的基础上缺乏技巧，有堆砌的感觉。）

何惧疾病，何惧困难，我们手拉手，必将战胜困难，天有不测风云，手牵手就不害怕。总有无数心怀信念的人贡献自己的一分热度，风雪中义无反顾为众人抱薪；总有心怀希望的人，将一点一滴的爱汇聚起来，为患难者伸出援助之手。

病毒无情，人间处处有情。白衣天使在这场没有硝烟的战争中，为患者筑起生命防护之堤，让国民仿佛看到寒冬的一缕阳光，洒在每个人的身上，给我们带来无限的温暖与希望。我们尽绵薄之力，等待英雄平安凯旋！（点评：文章结尾的感情升华部分，可以考虑使用短句，效果会更好。）

教案2（改后）：病毒无情，人间有爱

“爆竹声中一岁除，春风送暖入屠苏。”2020年这个不平凡的春节，一场来势汹汹的疫情，打破了这个新春佳节的宁静。无数的医护人员挺身而出，舍身忘我，无私无畏，勇往直前，用一腔热血谱写了一曲众志成城、抗击疫情的激情战歌！（点评：开篇引用诗句，使文章增色不少。）

“明知山有虎，偏向虎山行。”小年夜，唯一一列赶往武汉的高铁上，坐满了上海驰援武汉的重症和呼吸科医师。同样是1月23日，南方医科大学南方医院千名医护人员主动请缨，发出“若有战，召必回，战必胜”的铮铮誓言！一个个红手印，一个个红印章，表现的是他们视死如归的爱国奉献，彰显的是他们对使命职责的忠诚坚守。

“不计报酬，无论生死。”84岁高龄的钟南山院士带领他的团队再度奔赴一线。他们并非身怀异禀，却有一颗温热执着的心；他们身体力行地诠释着那句箴言，“英雄就是普通人拥有一颗伟大的心”；他们用一面不留名的背影，坚守前线，以血肉之躯撑起一道生命屏障！

“越是危亡之时，越能见人心。”在这场无声的战役中，勇敢的战士们，高歌着穿越丛丛荆棘，奔赴前程；市民为医生点餐送去祝福，温暖众人；行路之人为警察送上口罩，自豪地回答“我是中国人”；海外华侨，纷纷捐款捐物。万千小流汇成一股巨大的力量，支持着我们抗击这场史无前例的疫情。这就是我们最伟大的祖国！

“双眉深锁为谁忧，鬓发银丝为谁愁。”何惧疾病！何惧困难！总有无数心怀信念的人贡献着自己的一分热度，风雪中义无反顾为众人抱薪；也总有心怀希望的人，将一点一滴的爱汇聚起来，为患难者伸出援助之手。

病毒无情，人间处处有爱！我们手牵手，就不害怕！我们手拉手，就一定能战胜它！（点评：为了增强结构，在文中引用诗句等作为段落的开头，也是一种方法。另一个特点是排比句的大量使用，使文章增强了阅读趣味。）

教案3（改前）：歌唱·我们共同的答案

“黎明的那道光，会越过黑暗，打破一切恐惧，我能找到答案……”听着阿冗的这首《你的答案》，我感慨万分。这句歌词不正是我们中国人面对这场突如其来的新型冠状病毒肺炎疫情所立下的誓言吗？即使我们没有医护人员那种专业技术，可我们有勇气，我们有信心，我们坚信没有什么可以打破人的信念！（点评：以歌词开头，引人入胜。）

也许，我们的勇气从身边的人而来。我们小区在组织“援助武汉”募捐活动中，有这样一个人。她的声音如此稚嫩，她的眼睛如此澄澈，幼小的她毅然捐出了她辛苦积攒了很久的零花钱。这样一份小小的零花钱，在各位业主的爱心面前不值一提，可她坚定的眼神、铿锵有力的声音，深深震撼了我。她面对这场疫情，是以一种必胜的信念去对待的，她相信，她的一份小小的爱心和中国广大同胞的爱心，必将帮助武汉打赢这场攻坚战，因为我们送去的，是中国人的勇气。（点评：“提出问题，给出答案”，这是文章设计上的亮点，全文要围绕突出这个“亮点”。但是，“也许”代表的是“迟疑、不确定”，表达不合理，必须修改。）

也许，我们的信心从新闻中而来。当新闻播报医护人员救治病人的场景和患者与医生的对话，那种发自内心的感动无法用语言去表达。李文亮医生离我们而去，“90后”护士三日未合眼昏倒在地，60多岁的患者把药让给年轻人……在这么多人的共同努力下，在每个中国公民所发出的精神共鸣下，有什么困难能打倒我们呢？众志成城，那便是中国雄狮的怒吼！

无论是《元宵节特别节目》还是《战疫情》播报，都让中国人前所未有地团结。从小家的贡献到大家的共同努力，所经历的磨难只不过是垫脚石。风雨的洗礼，让每个人都心连着心——没有什么可以打破人的信念。

“有一万种力量可以淹没孤独，不再孤单。”在疫情面前，每个人都不是孤单的，武汉也不是孤单的，中国也不是孤单的。中国人内心的共鸣，来自各个省支援物资送达武汉，来自世界各国向中国的捐赠，这些不正应验了这句话吗？面对疫情，我们每个人都有一个共同的答案——“中国必胜！武汉必胜！”这个答案不受空间的约束，直达每个中国人的心里……（点评：文章的题目需要简洁明了，结合全文，建议使用“共同的答案”。）

教案3（改后）：共同的答案

“黎明的那道光，会越过黑暗，打破一切恐惧，我能找到答案……”听着这熟悉的旋律，我感慨万分。面对这场突如其来的新型冠状病毒肺炎疫情，这首歌曲不正是我们全体中国人所给出的共同答案吗？（点评：以歌词开头，新颖别致，符合“豹头凤尾”的文章结构形式。“提出问题，给出答案”，这是文章设计上的亮点。）

这份共同的答案，从我们的身边来。我们小区在组织“援助武汉”募捐活动中，有这样一个小朋友。看到她毅然捐出了她积攒了很久的零花钱，我的眼眶不由得湿润了。她的声音很稚嫩，但在我听来却异常的铿锵有力；她的眼睛很澄澈，但在我看来却异常的坚定勇敢。虽然这是一份微不足道的零花钱，代表的却是一份沉甸甸的爱心。“不积跬步，无以至千里；不积小流，无以成江海。”千万份同胞的爱心，汇聚成一股拧不断的绳，必将帮助武汉打赢这场防控阻击战。

这份共同的答案，从我们的信念来。“青山一道同风雨，明月何曾是两乡。”我无法忽视，张定宇医生跛行的身影；我无法轻视，三日未合眼昏倒在地的那位“90后”护士；我无法忽略，新闻播报志愿者救治病人的场景；我无法忘却，治愈患者对医生那种发自内心的感激……众志成城，有什么困难能打倒我们中国人民呢？

这份共同的答案，从我们的磨炼来。“多难兴邦”，在我们的字典里从来就没有“退缩”这个词！那么多的风雨，我们昂首走过；那么多的磨难，我们不皱眉头；那么多的困苦，我们淡然处之。这就是我们不屈的民族精神！越是这种危难的时刻，我们就越是团结。“风雨过后，依然会见彩虹！”（点评：使用排比句作为段落开头，能使文章结构更加清晰明了，是文章的另一个亮点。）

“有一万种力量可以淹没孤独，不再孤单。”在疫情面前，武汉不孤单，中国不孤单。“一方有难，八方支援。”不仅有全国各地的救援物资，还有来自外国的捐赠。面对疫情，我们每个人都有一个共同的答案——“武汉必胜！中国必胜！”这个答案就像报春花，早已绽放在每个中国人的心里……

教案4（改前）：我爱我的家，我爱我的国

——我心中的祖国七十年

周末我到奶奶家去玩，坐在沙发上休息时，我拿起茶几下面的老相册翻看来打发时间。这本相册保存着奶奶从年轻时一直到现在的一些生活照，从扎着羊角辫、推着凤凰牌自行车到今年夏天走在芜湖十里江湾赏景，这一张张照片承载的不仅是背后的风景，还有新中国成立到改革开放四十年的历史变迁，让我每次翻开这本相册时都有种时空穿越的感觉。（点评：开门见山，通过家庭的老相册开始讲述往事，引入主题。从小家庭的照片入手，来展现新中国成立到改革开放四十年巨大的社会变迁，角度很新颖。但是开篇需要进一步简洁明快、引人入胜。修改稿中，在文章的开头使用了《半城山半城水》的歌词。）

相册的首页是奶奶当年扎着羊角辫，推着自行车，站在马路边的一张照片，奶奶说这条马路以前叫中山路，俗称“大马路”，当年可是芜湖的第一街，因孙中山先生曾在此演讲而获名。旁边的大众影都，就是当年孙中山先生发表演讲的地方呢。这条路附近还有一座建于1957年的芜湖最大的商场——百货大楼，芜湖市最早的“工人俱乐部”也在这一带，现在就是芜湖鸠兹广场的一角。看着照片，我脑补了一下当年人们骑着自行车来回穿梭马路的场景。

相册中间有一张两层楼的灰色楼房照片，当年位于镜湖区医院的对面，现在已经不复存在，变成了街心绿地。听奶奶说当年30多户人家住在这里，包括我的太外婆四口挤在20多平方米的房子里。房顶是瓦片，一到下雨天，外面下大雨，里面下小雨，地上到处是接雨水的盆、桶。夏天天热里面似蒸笼，晚上大家搭上凉床睡在外面。30多户人家共用一个在室外的水龙头，大冬天有时冒着风雪来到水池边，要先用热水烫化水龙头上结的冰后，才能取到水，最不方便的是那时家家户户用的是马桶，我听了直汗颜，这生活也太不方便啦！

下面一张照片是一栋5层楼的楼房，那里有1981年因爷爷在单位表现优秀分到的一套房子，当时大家太高兴太兴奋了，钥匙一拿到手，一家人扛起扫把、拖把，步行了一个小时从北门走到了团结二村。打开门，两室一厅七十多平方米，房子大了，自来水和厕所齐全，居住环境得到了改善。当年搬家时那些老邻居真是羡慕嫉妒恨啊！不过当年爸爸上学时公交车少，交通不便，基本要步行一个小时才能到学校。

最近的一张照片，是站在颐景湾畔新家的阳台上拍的一张周边环境全景照，照片的前方不仅能看到一座座拔地而起的高楼，还能看到改造后的汀棠公园和赭山公园，阳台侧面远眺就能看到沟通南北的长江大桥，北面不远处就是安徽最大的主题公园——方特欢乐世界。[点评：(1) 能够按照时间顺序来展开对照片的叙述，重点通过自己家庭生活环境的逐步改善，来表达对生活、对国家的热爱；(2) 在叙述的主次上需要进一步突出强化，体现出对比效果，每个场景的描述有相互对应的结构。围绕这个要求，比如对“大众影都”“百货大楼”等的描述就因为在文中缺乏对比，需要弱化，为下一步从“家”过渡到“国”，并进一步抒发感情做准备。]

我慢慢合上影集，抬头看到奶奶此刻手里正拿着手机和老伙伴们微信聊天，想想刚刚看过的几张我家不同时期住房的照片，心中感慨万千，这不正是这四十年来我们的变化、芜湖的变化和新中国的变化吗？（点评：过渡段落，承上启下，自然合理地从“家”过渡到“国”。）

1949—2019年，弹指之间，新中国迎来它的第70个年头。中国从一个贫穷落后的国家发展成了如今的世界第二大经济体。70年前中国百废待兴，70年后中国百业昌盛。1978年拉开了中国改革开放的序幕；1997年，香港顺利回归祖国怀抱；2003年“神舟五号”发射成功；2008年北京奥运会成功举行；2010年上海世博会成功举办；2011年深圳大运会举办成功；2012年“蛟龙号”成功下海，“神舟九号”成功发射；2013年“嫦娥三号”月球探测器发射成功……我们伟大祖国正在繁荣富强的轨道上前进着。随着国家实力的增强，我国的国际地位在不断提高，祖国正发生着翻天覆地的变化。（点评：演讲的过程中，这样的短句，不仅能表达更多的信息，也会大大提高演讲者的情绪，并且带动现场的气氛，为高潮部分做铺垫。需要注意的是要选取有代表性的事件，不能简单罗列事实，而且要按时间顺序展示出来。）

七十载春华秋实，七十载峥嵘岁月，七十载砥砺前行，七十载薪火相承。2019年是新中国成立70周年。假如我们回到1949年，看见70年后的今天，会得出一个结论：新中国正日复一日地焕然一新。（点评：建议修改成“没有共产党就没有新中国”更贴切上下文所表达的思想感情。）

习爷爷曾说过，青年是祖国的未来、民族的希望，也是我们党和未来的希望。作为青年一代的我们，身处千变万化的新时代，要始终守着一颗向往美好生活的初心，循着过去的方向，致敬历史，我相信祖国的明天会更美好！（点评：在修改过程中，考虑用《半城山半城水》的歌词来作为文章的开头和结尾，使文章的语言更加活泼有趣。）

教案4（改后）：我爱我的国，我爱我的家

——我心中的祖国七十年

“我家住在江之尾，半城山，半城水，山中楼宇高，水边柳丝垂……”周末我到奶奶家去玩，电视上正播放着这首动听的歌曲。我打开茶几下面的老相册，往事历历在目。（点评：开门见山，通过歌词引入主题，从老相册开始讲述往事。）

相册的首页，是一张两层楼的灰色楼房照片，奶奶当年扎着羊角辫，推着自行车，意气风发地站在楼前。这栋房子当年位于镜湖区医院的对面，现在已经不复存在，变成了街心绿地。听奶奶说，当年30多户人家住在这里，包括我的太外婆四口人挤在20多平方米的房子里。房顶是瓦片，一到下雨天，外面下大雨，里面下小雨，地上到处是接雨水的盆、桶。夏天天热，房子里面似蒸笼，大家晚上都搭上凉床睡在外面。30多户人家共用一个在室外的水龙头，大冬天有时冒着风雪来到水池边，要先用热水烫化水龙头上结的冰，才能取到水，最不方便的是那时家家户户用的是手拎的马桶，这生活也太不方便啦！

中间一张照片是一栋5层楼的楼房，那里有1981年因爷爷在单位表现优秀分到的一套房子，两室一厅70多平方米。房子大了，自来水和厕所齐全，居住环境得到了改善。当时大家太高兴太兴奋了，钥匙一拿到手，一家人扛起扫把、拖把，步行了一个小时，从北门走到了团结二村。当年搬家时那些老邻居真是羡慕啊！

最近的一张照片，是站在颐景湾畔新家的阳台上拍的一张周边环境全景照，照片的前方不仅能看到一座座拔地而起的高楼，还能看到改造后的汀棠公园和赭山公园，阳台侧面远眺就能看到沟通南北的长江大桥，北面不远处就是安徽最大的主题公园——方特欢乐世界。（点评：通过三个时间节点展开对往事的讲述，分清主次，细节描写给人留下深刻印象。比如“夏天天热，晚上搭凉床”，再比如“冬天水龙头结冰”，没有真实的生活经历，很难有这样的感触。在全文结构上，这三个时间节点的描述属于欲扬先抑的部分。）

我慢慢合上影集，抬头看到奶奶此刻手里正拿着手机和老伙伴们微信聊天，想想刚刚看过的几张我家不同时期住房的照片，心中感慨万千，这不正是这40年来我们的变化、芜湖的变化和新中国的变化吗？（点评：过渡段落。为了达到欲扬先抑的效果，合理地设置必要的过渡，会大大提高文章的整体性，为下一步达到对比的效果，制造必要的语境。）

弹指之间，1949—2019年，新中国迎来它的第70个年头。中国从一个贫穷落后的国家发展成了如今的世界第二大经济体。70年前中国百废待兴，70年后中国百业昌盛。1978年拉开改革开放的序幕；1997年香港顺利回归祖国怀抱；2003年“神舟五号”发射成功；2008年北京奥运会成功举办；2010年上海世博会成功举办；2012年“蛟龙号”成功下海，“神舟九号”成功发射，2013年“嫦娥三号”月球探测器发射成功……我们伟大祖国正沿着繁荣富强的轨道前进着。随着国家实力的增强，我国的国际地位在不断提高，祖国正发生着翻天覆地的变化。

七十载春华秋实，七十载峥嵘岁月，七十载拼搏奋斗，七十载薪火相承。我们的党带领我们不忘初心，砥砺前行，用实际行动印证了“没有共产党就没有新中国”。（点评：有国才有家。由大及小，从大处着眼，从整个国家的“大”角度展现各个方面的进步发展，从而表达一种宽阔的爱国情怀。）

我留恋于童年的那一棵棵梧桐树下的树荫，在树荫下，我拥有很多跳皮筋的小伙伴，但我更爱现在小桥流水的静谧优雅；我留恋于屋檐下那一个个小小的燕窝，在那燕窝里，我拥有聆听清脆歌声的终极粉丝，但我更爱窗明几净的宽敞亮堂；我留恋于夕阳斜照下的一块块红砖，在红砖墙上，有我们无数可追忆的粉笔涂鸦，但我更爱摩天大楼的极目远眺；我留恋于那一抹抹青苔，在青苔里，我拥有无数听从我指挥的蜗牛学员，但我更爱天蓝水绿的豁达开朗。（点评：从小处着手，联系实际，用一颗平常心讲述自己深深的感触。排比句的运用，将这种感触描述得非常细腻，触手可及，非常接地气。值得一提的是，在演讲过程中，这种排比句的反复出现有助于增强表达效果。）

“我家住在江之尾，半城山，半城水，山中楼宇高，水边柳丝垂……”伴随着悠扬的歌声，我想起习爷爷曾说过，青年是祖国的未来、民族的希望，也是我们党和未来的希望。作为青年一代的我们，致敬历史，展望未来，我爱我的国，我爱我的家，我相信祖国的明天会更美好！（点评：歌词结尾，首尾呼应，干净利落。）

全文点评：记叙文仍然是初中的学习重点。这篇习作中，语言活泼，句式优美，结构严谨，综合运用记叙、议论、抒情、描写等表达方法，以及排比、拟人、比喻等修辞手法，让文章非常出彩。从歌词入手，引人入胜。前半部分，从三张照片娓娓道来三个阶段的发展故事，真实而充满感情。后半部分，升华感情，以小见大，处处透露出爱国爱家的情怀，温馨而美好。文末点题，简单利落。全文读来酣畅淋漓，堪称佳作。

教案5（改前）：难忘的春节

春节本是阖家团圆的日子，但是今年由于新型冠状病毒肺炎疫情，我们度过了一个不一样的春节。

大年初一家家户户都准备出门拜年，天空还没全亮，小区门口就挤满了人，门口站着几位医护人员和物业管理人员。他们一边拦住人群一边设置路障，值班室平时悠闲的老大爷此时也急了：“都没看新闻吗？病毒还在传播，还敢出去拜年？”“我们这种小地方，还会有那病毒？”有人小声嘀咕着，人群不欢而散，从那之后，小区里又发生了巨大的变化，清洁工人们舍弃假期，舍弃了一年中唯一一次与家人团聚的机会，再次上岗，在楼道与电梯里喷洒消毒水；社区工作人员冒着雨挨家挨户地送口罩；门口的值班人员全天守岗，不畏严寒，不畏闲言，有人忘戴口罩，他们上前提醒，有人强行进入，他们马上制止。在这座小小镇子上他们用行动与疫情抗争。春节的几天，太阳是不大愿意出来的，天气始终是阴雨的状态，可是我们却拥有一群守护我们的“太阳”，温暖我们的心。（点评：养成善于观察的习惯，并且能够从身边的事例入手，对生动、真实的描写很有帮助。）

有这样的人与疫情斗争，我们怎能不赢？

也正是因为这场疫情，我们才感受到陷入困难时国家与社会给予的帮助，体会着一方有难八方支援的精神。新春到来之际，一名名医护人员义无反顾地前往武汉进行救助工作，他们放弃与家人团聚的时光，换取患者的健康。一位位解放军战士，逆向赶往武汉，带着人民急切需要的物资，他们在那无硝烟的战场殊死搏斗。道路上交警与医护人员，所设的路卡是防止病毒传播的第一条防线。一只小巧的口罩，由捐赠者传递给医护人员，那是生命的保障。

今年，春节的假期很长，但我们能做的只是待在家中；今年，春节的假期很短，召回的信息、紧急的号角无不在引导他们与疫情斗争；今年，春节的历程很难忘，胜利最终会属于我们！（点评：结尾使用的排比句，很能提升文章的思想感情。）

教案5（改后）：暖　树

早上起来，准备出门拜年，天还没全亮，小区门口就挤满了人。门口站着几位医护人员，在物业管理人员的帮助下，他们一边拦住人群一边设置路障。值班室平时悠闲的老大爷此时也急了："都没看新闻吗？病毒还在传播，还敢出去拜年？""越是小地方，越要做好防范。"大家左一句右一句地议论着。（点评：以小见大。）

从那之后，小区里又发生了巨大的变化。清洁工人舍弃了难得的假期，坚持在岗，在楼道与电梯里一天两次喷洒消毒水；社区工作人员冒雨挨家挨户地配送口罩；门口的值班人员全天守岗，不畏严寒，不畏风雨，有人忘戴口罩，他们上前提醒，有人强行进入，他们马上制止。不仅我们的小区，整个镇子随处可见这样抗疫的场景。虽然春节期间的天气始终阴沉着，可是我们却拥有一群守护的"天使"，就像"太阳"一般温暖着我们的心。（点评：从身边小事入手，适当展开。）

春节本是阖家团圆的日子，但是今年由于新型冠状病毒肺炎疫情的出现，我们度过了一个不一样的春节。整个国家空前地动员起来，一名名医护人员放弃与家人团聚的机会，义无反顾地赶往武汉进行救助工作；一位位解放军战士乘坐军机空降武汉，赶赴一线；一箱箱医疗物资星夜兼程，投到那个没有硝烟的战场；一位位交警在路卡前执行任务，保障物资运输顺畅。（点评：通过排比把事例串联起来，进一步升华文章的思想感情。）

今年春节的假期很长，我们待在家中也是一种战斗；今年春节的假期很短，征战的号角时刻激励着我们；今年春节的假期很难忘，舍身忘我、无私无畏的正能量始终在保护着我们！"几处早莺争暖树，谁家新燕啄春泥。"我仿佛已经看到树梢上长出的嫩芽，那是春天的召唤！那，更是胜利的号角！（点评：结尾联用了引用、排比、拟人等多种修辞手法，使文章更加出彩。也基于这个原因，对文章的题目进行了修改。）

教案6（改前）：寒冬将逝，暖春将至

2020年1月，临近春节，一场无声的“战疫”在武汉爆发了。短短几天时间，感染新型冠状病毒肺炎的人从几十人增加到上千人。一夜之间，成千上万的医护人员奔赴武汉，一场撼动世界的疫情攻坚战拉开了帷幕！

临危不惧，无私奉献

他有一颗救世之心，一腔赤子热忱，一身高超医术，一片赤胆忠心。他在2003年非典肆虐时，站出来告诉所有人：“把最重的病人送到我这儿来。”那年他67岁。今年，当疫情再次侵袭时，已经84岁高龄的他，在告诫所有人尽量不要去武汉时，自己却登上去武汉的高铁，再次为民出征。

来之能战，誓死不退

解放军来了！武汉的市民说：“看到人民子弟兵来，我觉得很安心。”在这个特殊的除夕夜，万家团圆之时，他们毅然与亲人分别，紧急集结，坐飞机来到武汉，毫不犹豫地冲到抗击新型冠状病毒肺炎疫情第一线。他们身着迷彩服，带着行李和大量医疗物资，在武汉人民最需要他们的时刻，义无反顾，挺身而出，这就是军人的本色！

伤痕累累，生死相托

为了不被感染，为了不感染别人，他们连续工作9个小时，期间不吃不喝，只为了省一套防护服。他们只有下班才会脱下厚厚的不透气的防护服，摘下那把脸勒出深深印子，把鼻梁勒出血，磨破皮的口罩。他们接手的病人病情严重，工作强度超出想象，他们分秒必争，尽职尽责。从他们眼中我看到，哪怕只有1%的希望，也要尽自己100%的努力。这些被口罩和防护服勒出印子的脸，是我见过最美的脸庞，是全国人民心中最美的记忆！（点评：小标题的使用，是文章结构的亮点。）

没有一个冬天不可逾越，没有一个春天不会来临。待他日，热干面一样好吃，樱花依然美丽！（点评：借代修辞的使用，使文章结尾让人眼前一亮！所谓借代，是用相关的事物来代替所要表达的事物的修辞方式。）

教案6（改后）：暖春将至

一场愉快的家庭比赛正在进行。我和爸爸分别站在两张椅子上。椅子的前方放有两个矿泉水瓶，我和爸爸一人手里拿了十支筷子。比赛的项目是手拿筷子从平肩的位置，让筷子自由落体掉进开盖的矿泉水瓶中。谁丢进去的筷子多，谁就是胜利者。失败者要接受惩罚——洗碗一次。妈妈是裁判。比赛开始了，我全神贯注地投入比赛中。站好，拿紧，对准，放下……每一次，我都是全力以赴地去做，可是无奈瓶口太小，尽管我拼尽全力，最后也只侥幸进了两个。但是我不沮丧，洗完了碗，我和爸爸又进行了颠球比赛。一人拿一个乒乓球拍颠球，谁颠的次数多，谁就是胜利者。当然我的小算盘还是如愿得逞了！（点评：在我的建议下，小作者对原文改动较大。在这个“不寻常”的春天里，从身边的、生活里的小事入手，发掘那些容易被忽视的“不寻常”，更能引起共鸣。）

家里的温暖衬托了这个冬天的寒冷。（点评：过渡设置得很必要。）

这次突然而至的新型冠状病毒肺炎疫情，让我们有些猝不及防。在和家人一起欢度春节，感叹岁月静好的同时，我们知道还有很多英雄在为我们负重前行！84岁高龄的钟南山，在告诫所有人尽量不要去武汉时，自己却登上去武汉的高铁，再次为民出征；人民子弟兵身着迷彩服，带着行李和大量医疗物资，在武汉人民最需要他们的时刻，义无反顾，挺身而出；一夜之间，成千上万的医护人员奔赴武汉，连续工作，超强度地工作，就为了抢救病人！（点评：以小见大。）

我深深地敬佩这些英雄们，幻想着有一天我也能和他们一样——当我们的国家、我们的人民需要的时候，能够英勇地站出来！而现在我们能做的就是安心地待在家里——这就是对社会最大的贡献！（点评：两个破折号的使用效果注意区别，一个是解释说明，一个加强重点。）

没有一个冬天不可逾越，没有一个春天不会来临。暖春将至。待他日，热干面一样好吃，樱花依然美丽！（点评：借代修辞的使用，是结尾的亮点。）

教案7（改前）：秋天，我的最爱

一年四季，变化无穷，有草长莺飞的春天，有阳光绚烂的夏天，有天高云淡的秋天，有雪花纷飞的冬天。（点评：草长莺飞，形容江南暮春的景色，出自《与陈伯之书》。）或许有人喜欢春暖花开的春天，阳光明媚的夏天，白雪飘飘的冬天，但我，喜欢天高云淡的秋天。（点评：开门见山，不需要重复使用春夏秋冬的句式来表达感情，建议只使用一句。）

或许在文人墨客眼中，秋天是寂寞的，因为他们看不见稻田的漫漫金浪、桂花的十里飘香、菊花的迎寒而立。（点评：这样的过渡段使用比较顺畅。）

秋天其实是美好的，正值九月，是向秋天迈出的第一步。她带着一丝凉意来到我们身边，天气不再燥热了，知了也不叫了，秋高气爽！

出门去仔细看看，果树的树叶下，小小的果实已经长出来了，青色的，藏在微微发黄的叶子中。过不了多久，等树叶掉光时，果子就熟了。（点评：需要调整逻辑顺序，从过渡段展开，依次对稻田、桂花、菊花描述，抒发自我的感情。无关的描写，建议删除或调整。）

秋天吹出一口气，将桂花吹醒了，不知何时，我已经闻到了淡淡的花香。桂花尤其喜爱捉迷藏，躲在深绿色的枝叶中，好似一个顽皮的孩子。远看，桂花树深绿色的枝叶中就藏着星星点点的淡黄色。哦！是桂花。桂花开在枝叶间，深绿中点缀着淡黄，美丽极了！而随桂花而来，那淡淡的芳香，也会随时间的推移，像是在空气中酝酿似的，越发的香。［点评：（1）必须注意区分桂花和桂花树，这是两个概念，混淆起来会影响感情的表达。（2）从上下文来看，这段是必须要强化的内容。强化的内容必须从多个角度来展开，比如写苹果，要从上下左右前后的角度来观察，要和梨子、橘子、香瓜来比较，从色、香、味等层次来展开。这就是一个扩展，合理地组织这样的思维和语言顺序，就可以达到很好的描述效果。］

继续走，走去田野里，看大片的稻田。它们会紧紧地跟随时间的脚步，从青变黄，像极了小孩子，从青涩到成熟。静下心来，慢慢等。等一场秋雨洗掉稻子最后的一点青色。等到它们全都变金黄了，再待一阵秋风，秋风拂过稻田，哼着秋天独有的曲子，稻子也跟着秋风一起舞动，远观，稻田波涛起伏，令人不禁眼前一亮！

还有迎寒而来的菊，感受秋风的凉爽，秋雨带来的冰凉的气息，还有……（点评：能够区分叙述的重点。）

秋天不止如此，你如果好奇，不如和我一起去看看。［点评：（1）“你如果好奇，不如和我一起去看看。”这句话用在开篇处比较合适。（2）开放式的结尾，可以适当展开。比如：秋天不止如此，还有天上的云，远处的山，眼前的河，心中的童年……］

教案7（改后）：秋天，我的最爱

几度春秋，似水流年。或许有人喜欢春天的草长莺飞，或许有人喜欢夏天的阳光明媚，或许有人喜欢冬天的白雪皑皑，而我最爱的却是秋天的天高云淡。你如果好奇，不如和我一起去看看。（点评：开门见山。值得一提的是对偶修辞的使用。所谓对偶，是用字数相等、结构形式相同、意义对称的一对短语或句子来表达两个相对或相近意思的修辞方式。）

九月，是秋天迈出的第一步。她带着丝丝凉意来到我们身边，天气渐渐褪去了燥热，知了也悄悄地躲了起来，树叶下，小小的果实像生日许下的一个个愿望正在成熟。在文人墨客眼中，秋天是寂寞的，因为他们看不见秋风阵阵中那稻田的漫漫金浪、那桂花的十里飘香、那菊花的迎寒而立……（点评：总起，依次展开对稻田、桂花、菊花的描述。）

秋风吹起来，走去田野里，看大片的稻田。它们会紧紧地跟随时间的脚步，从青变黄，像极了小孩子，从青涩到成熟。静下心来，慢慢等。等一场秋雨洗掉稻子最后的一点青色。“稻花香里说丰年。”等到它们全都变金黄了，伴着一阵秋风，拂过稻田，哼着秋天独有的曲子，稻子也跟着一起舞动，像波涛起伏的海浪，让我沉醉在弥漫的稻香里！

秋风吹起来，将桂花吹醒了。“八月桂花遍地开。”桂花尤其喜爱捉迷藏，好似一个顽皮的孩子，躲在深绿色的枝叶中，只透露出星星点点的淡黄色。远看，就像是挂在圣诞树上的小彩灯，带着淘气、带着幸运、还带着祝福，“一闪一闪亮晶晶”让人欢喜。而随桂花而来，那淡淡的芳香，也会随时间的推移，像是在空气中酝酿似的，越发的香。我记得小时候，奶奶会把桂花收集起来，做成香袋挂在门上，让整个房间都会香起来，让我的房间成为一个名副其实的“香闺”！还有桂花酒酿，我想你也会忍不住嘴馋起来吧？（点评：这个段落的描写从色、香、味等层次展开，是全文的一个学习点，值得掌握。）

秋风吹起来，还有迎寒而立的菊花，“采菊东篱下，悠然见南山。”我仿佛看见了一位“心远地自偏”的陶渊明……

秋天不止如此，还有天上的云，远处的山，眼前的河，心中的童年……（点评：开放式结尾。）

教案8（改前）：失败也是一种美丽

从人生的一个驿站，赶往另一个驿站，我走过四季交错的岁月，而那不期而遇的小小坎坷，让我明白幸福的真正意义。（点评：开篇破题是很重要的一步，“失败”和“美丽”是这篇作文的关键词，需要先抑后扬的写作手法，自然在段落的结尾，需要明白的是“失败也是一种美丽”。）

那个冬天比以往的任何一个冬天都寒冷刺骨，语文成绩的下降使我感到麻木和冷漠，但想起这几个星期的努力都化成了泡影，我心里仿佛被冰冻住了似的，冰冷无比。

我趴在桌上，几个星期的迷茫、焦灼已让我疲倦不堪了，我昏昏沉沉地快睡了过去，这时，一道拉门声惊醒了我，抬头一看，哦，是妈妈。惨白的灯光照在她不多的头发上，明显有几根银丝，她老了许多，但那双眼睛仍然很有神，很犀利。她走了进来，拍拍床垫，坐了下去，不知怎的，我的心有一丝悸动，但很快又平静下来。妈做不了什么的，我想。于是，我继续趴在桌上，不去看她，她只能主动开口：“这几次考得不好，你心里难过，我知道，但不能放弃啊。”她顿了顿，继续说：“这几天你一定在努力，也很想提高成绩，我看到了，这很好，所以你不用担心，有什么事就找我问问你们班主任，我一定会全力帮助你的！”不知怎的，我想笑。她这样就像一个小学生向大人在承诺：“我一定会好好学习的！”见我脸色缓和了些，妈妈像小孩一样笑了，她微笑着说：“加油哦！向着你的梦想前进。我相信你！”说完便走了出去。留下的是淡淡的清香和我内心深处的爱意。（点评：细节描写、语言描写很生动。但是为了反映文章的主旨，需要进行重新调整、强化和弱化。简单地说，这部分是文章的主体，主要解决“失败”和“美丽”的问题，在概念上必须加以区分和明确。我从文章中理解的“失败”是考试分数不理想，“美丽”是通过补缺补差提高成绩来报答妈妈的爱，连接“失败”和“美丽”的纽带是妈妈无私的关爱让我重新燃起了信心。文章在这方面的表现力不够。不能把两个部分夹杂在一起，不加区分地解决。）

妈妈言语间的关心温暖了我冰冷又无助的心，我又想到了妈妈头上的白发。妈妈越来越老了，我再不奋笔疾书，长大怎么报答母亲？于是我振奋精神，再次投入到书山题海之中。（点评：作文是一种语言能力，不能用这种平铺直叙的表达方式。）

那年冬天，当所有人都认为我成绩一蹶不振时，唯有妈妈牵起我的手，用爱重造了我的辉煌。再次回想这件事时，我不禁微微一笑，也许失败本身就是一种幸福，一种美好。（点评：文章的结尾，再次点题。总的来说，语言顺畅，结构完整。）

教案8（改后）：失败也是一种美丽

走过四季交错的岁月，我从人生的一个驿站，赶往另一个驿站，而那不期而遇的小小坎坷，让我明白失败也是一种美丽。（点评：开篇破题是很重要的一步，“失败”和“美丽”是这篇作文的关键词，需要先抑后扬的写作手法，自然在段落的结尾，需要明白的是“失败也是一种美丽”。）

语文成绩的下降，使我感到那个冬天比以往的任何一个冬天都寒冷刺骨。我趴在桌上，昏昏沉沉地快睡了过去。这时，一道拉门声惊醒了我，抬头一看，哦，是妈妈！她走了进来，拍拍床垫，坐了下去，拿着我的试卷，静静地看了好久。温暖的灯光照在她夹杂着几根银丝的头发上，还是那样的美。我听着她的声音在耳旁响起：“这几次考失败了，但不能放弃呀！”（点评：在这个段落，需要重点对“失败”定义，并且对“美丽”做铺垫。从文章中理解的“失败”是考试分数不理想，“美丽”是通过补缺补差提高成绩来报答妈妈的爱，连接“失败”和“美丽”的纽带是妈妈无私的关爱。）

看到我面对试卷紧锁的眉头，妈妈心疼地抚摸着我的头发，无声的暖流注入我的心扉。（点评：段落之间的自然过渡是必须考虑的。从头发的角度设计过渡句。）看着一个个红叉叉，妈妈和我一个个分析，“这个古文翻译，没有背诵到位；这个词语填空，理解上有偏差；这个阅读理解，需要加强训练；这个作文，结构上还需要优化……”（点评：“失败”和“美丽”是这篇作文的关键词。先抑后扬的写作手法，更重要的是升华文章的主旨。“美丽”具体就是指妈妈指导我针对问题，找到解决方法。）灯光下，她老了许多，但是在我的心里她发间的银丝，就像天使身上自带的光环那么耀眼！当妈妈轻手轻脚地走出房间时，奋笔疾书的我觉得浑身充满了使不完的力量。（点评：父母是最好的老师，潜移默化的言传身教更有力量。）

如今，我早已走过了那个冬天。每次回想起来，我都记得妈妈对我试卷的分析，“办法总比困难多！”妈妈牵起我的手，用爱重新塑造了我的信心。不单单是成绩，更是一种方法，让我明白失败本身就是一种美丽。（点评：对结尾这个部分进行必要的升华。“办法总比困难多”是针对这篇文章增加的语句，请仔细体会。）

教案9（改前）：永恒的生命

“呼呼呼……”在北风呼啸的一个夜晚，几名白衣天使在紧张的工作之后，互相倚靠在一起，虽然风刮得令人发抖，但是对于他们来说，寒风刺骨虽难忍，却并不能让他们屈服，这一向是他们刚强不屈的品质。（点评：从细节描写入手，值得鼓励。）

在经过仅三个小时的休息后，他们又开始了长达二十多个小时的工作。防护服的保护，使他们不再感到担心。在这疫情严重时刻，救人要紧！对他们而言，人的生命是最重要的，生命至上！不能轻视任何一个生命，一定要尽力维护生命财产的安全！

一小时，两小时，五小时，十小时过去了，太阳的脸已在东方露出，当第一缕阳光照射进来时，他们还在团结互助、认真谨慎地救治，任何一个细节也不放过。终于……只见他们嘴角泛起一丝笑容，是的，他们成功治愈了一人！他们露出了英雄的笑容，胜利的笑容！看见病人转危为安，他们感到了一种前所未有的快乐！来不及休息，他们又穿上了散发着英雄光芒的防护衣，开始了紧张的工作。（点评：描写部分略显平淡。）

随着时间的逝去，一个又一个病人高兴地走出了医院。医院，这个昔日寂静的地方，现在却是激动人心的“舞台”，这里既装载着医生救人的艰辛，也装载着病人治愈的快乐。“生命至上”已深深铭刻在了他们心中，病人痊愈是他们最美好的记忆，“白衣天使”是对他们最好的称赞。他们——是象征和平的橄榄枝；他们——是冲锋陷阵的钢铁战士；他们——是象征光明的一缕阳光！向白衣天使们致敬！（点评：排比句的运用恰到好处。）

虽然现在这场抗疫战斗仍未结束，但是我相信，经过你们日复一日的努力工作，它一定会和17年前抗击“非典”一样，会在不久“雨过天晴”！

教案9（改后）：山高人为峰

在北风呼啸的夜晚，几名白衣天使在紧张的工作之后，在一起互相鼓励打气，有的靠在椅子上，有的躺在地上，有的趴在桌子上，就这样进入了甜甜的梦乡……看着这样的新闻画面，我的眼眶充满了感动的泪水。（点评：从细节描写入手，值得鼓励。）

2020年春天的新型冠状病毒肺炎疫情，就是这样的让人猝不及防。

这也是2万多援鄂医护人员工作画面的缩影。医院——这个昔日寂静、不被关注的地方，现在却是激动人心的“舞台”，这里既装载着医生救人的艰辛，也装载着病人痊愈的快乐。“生命至上”已深深铭刻在了他们心中，病人痊愈是他们最崇高的追求，“白衣天使”是对他们最好的称赞。他们——是象征幸运的四叶草；他们——是冲锋陷阵的无畏战士；他们——是带来希望的一缕阳光！（点评：排比句的运用恰到好处。）

人定胜天！回想我们伟大祖国的历史，从来就不缺乏这样的瞬间：红旗渠，位于河南安阳林州市。为了解决缺水的问题，1960年开始修建，历经十年完成。1974年，中国参加联合国大会时，放映的第一部电影就是纪录片《红旗渠》。在修建过程中形成的“自力更生、艰苦创业、团结协作、无私奉献”的红旗渠精神，成为民族精神的一座丰碑。还有，为甩掉“贫油国”帽子，大庆油田的铁人王进喜一句“有条件要上，没有条件创造条件也要上”，让我们难以忘怀；“中国天眼”，历时22年建成，是世界最大单口径射电望远镜……（点评：引经据典，升华文章主题。）

历史不会忘记。我们伟大的中国人民，是不可战胜的！我们英雄的武汉人民，是不可战胜的！“山高人为峰！”相信我们万众一心，一定能够战胜新型冠状病毒肺炎疫情！（点评：文题的修改，强化了文章的内涵。）

教案10（改前）：这里也有乐趣

我以前一直认为——读书是一件讨厌的事。（点评：开篇需要破题，通常说的“豹头凤尾”的技巧就可以在这里使用。“乐趣”是题眼，“这里”是小作者需要完善的作文内容。看到开篇，我们就可以这样认为：全文的线索是“读书有乐趣”。）

我从小开始读绘本，刚开始觉得很有意思，可当我读完后再看就觉得无聊了。长大点读故事书也是一样。到了五六年级以后，老师不再让我们读一些浅显易懂的书，而让我们去读世界名著，我发现读着一点意思也没有，有时甚至觉得根本看不懂。于是，从此我不再喜欢读书了。（点评：结合上下文的内容，我们在这个段落通常使用欲扬先抑的写作方法。但是本段的铺垫写得有些潦草。无论怎么形容，无非是想让文章很吸引人而且还很有阅读价值。按照我的理解，小作者为了表达“读书有乐趣”，先说明“没发现读书有乐趣”，下半篇幅里通过一种“形式”，让“我”发现了“读书有乐趣”。这个“形式”就是全文需要浓墨重彩的部分。）

到了初中，老师让我们写摘录。首先是《朝花夕拾》，这是鲁迅先生的作品。我开始看得津津有味，看着看着却感觉到渐渐看不懂他想写什么，我认为的一个好人，却变成了一个自私的小人。我惊奇地发现，原来书里还有这么多不为人知的秘密。我又拿起了《朝花夕拾》，开始读第二遍、第三遍，渐渐发现原本读不懂的地方也可以读懂了。（点评：我想小作者需要表达的内容是：反复阅读的同时，通过写摘录的方式来加深对原著的理解。这也就是文章重点部分，需要指出的是渲染力不够，在书面语、修辞的使用等方面需要加强。）

又过了一阵子，老师开始让我们读《西游记》。想到又要把这本我几乎已经会背的书再拿出来看，我便觉得一点意思也没有。可当我翻开书一看，书里的韵味和以前看的时候截然不同，我如饥似渴地读着，体会着书里的魅力，发现自己仿佛又爱上了读书。（点评：这部分我的理解是文意的一种延伸和升华，小作者希望表达出这种学习形式的优越性，来进一步丰富文章主旨和内容。意思表达很明确，值得肯定。）

现在，我看每一本书都不会只看一遍，而是一遍又一遍地细细品味，感悟作者的心理，体会书籍的魅力。此时，我才真正明白，原来书里也有乐趣。（点评：篇末点题。全文语意清晰，结构合理，但在技巧和内容上，需要雕琢。）

教案10（改后）：这里也有乐趣

我以前一直认为——读书是一件没有乐趣的事。（点评：开篇需要破题，通常说的“豹头凤尾”的技巧就可以在这里使用。“乐趣”是题眼，“这里”是小作者需要完善的作文内容。看到开篇，我们就可以这样认为：全文的线索是“读书有乐趣”。）

我从小开始读绘本，看着书上花花绿绿的图案我总是很着迷。上面有会飞翔的扫帚，让我无忧无虑地展开翅膀；上面有会说话的镜子，让我惊心动魄地体验童话；上面有能伸缩的铁棒，让我荡气回肠地铲除妖魔。可是，我渐渐长大了，取而代之的是一页页密密麻麻的文字。在文字的世界里，我体会不到那种肆意的天马行空，体会不到那种温情的浪漫，体会不到那种激荡的千辛万苦。从图案到文字，我发现读着一点意思也没有，有时甚至觉得根本看不懂。于是，从此我便觉得读书是一件没有乐趣的事了。（点评：结合上下文的内容，我们在这个段落通常使用欲扬先抑的写作方法。尤其需要指出的是在本段的铺垫中，借鉴了虚实相间的写作手法来加深表达的效果。无论怎么形容，无非是想让文章很吸引人而且还很有阅读价值。按照我的理解，小作者为了表达“读书有乐趣”，先说明“没发现读书有乐趣”，下半篇幅里通过一种“形式”，让“我”发现了“读书有乐趣”。这个“形式”就是全文需要浓墨重彩的部分。）

直到初中，我才彻底改变了这个看法。（点评：必要的过渡句。）起因是老师让我们写摘录。首先入手的就是鲁迅先生的作品——《朝花夕拾》。我开始看得索然无味，完全抓不到重点。至于摘录，我就是为了应付差事胡乱抄上几句，连我自己看着也感觉摸不着头脑。我就想：难道这样的文学大师就真的不愿意和我交流，嫌弃我吗？不对呀！是不是我自己太心浮气躁了呀？我渐渐地沉下心来，又拿起了《朝花夕拾》，开始读第二遍、第三遍，渐渐发现原本读不懂的地方也可以慢慢读懂了。我惊奇地发现，原来书里还有这么多有趣的“秘密”。而且，连摘录的部分也开始得心应手起来。（点评：我想小作者想要表达的内容是：反复阅读的同时，通过写摘录的方式来加深对原著的理解。建议适当加入心理描写。）

就是这种方法，让我进一步加深了读书的乐趣。又过了一阵子，老师开始让我们做《西游记》的摘录。我翻开书，一边看一边做摘录，这本我几乎已经会背了的书，让我觉得书里的韵味和以前看的时候截然不同。孙悟空的神力总是让我惊叹不已；猪八戒的懒散总能让我开心一笑；沙和尚的任劳任怨也让我佩服。那根如意金箍棒仿佛点开了我通往读书的乐趣之门，让我如饥似渴。（点评：这部分我的理解是文意的一种延伸和升华，小作者希望表达出这种学习形式的优越性，来进一步丰富文章主旨和内容。意思表达很明确，值得肯定。）

古人云：“书山有路勤为径。”现在，我看每一本书都不会只看一遍，而是一遍又一遍地细细品味，并且通过摘录的方式，感悟作者的心理，体会书籍的魅力。此时，我才真正明白：读书，这里也有乐趣。（点评：篇末点题。）

教案11（改前）：这里也有乐趣

生活中有许许多多的乐趣，有时在写作业时玩橡皮或者笔也有乐趣，但是现在我生活在匆匆忙忙的世界里，让我对周围的一切感知都变得渐渐麻木起来。生活平淡如水，泛不起一丝波澜。（点评：这类文章使用的是先抑后扬的写作手法。）

然而在这一天，我们的语文老师在班级群里发了一条消息，推荐我们看《读者》或《中国诗词大会》。我本来就是个懒人，一看到诗、作文什么的就会头皮发麻，抓耳挠腮，于是我不当一回事，只看自己喜欢的动漫。当天晚上妈妈开始让我背语文注释，我在心里把困扰比了一下，如果看《中国诗词大会》跟背注释比，肯定看《中国诗词大会》较有兴趣一点，谁不会看电视呢？说白了就是不想动脑！

经同意后我拿起平板打开爱奇艺，找到这个综艺节目，热播的《中国诗词大会》让我对诗词产生了兴趣。规则是选手抽题，百人团与选手比赛，选手与选手比，谁赢谁就是擂主，我只有一句话形容——“神仙与神仙比招”！各个选手都令我佩服。（点评：通过掌握技巧和方法，获得更多的乐趣，使得文章的内涵得以延伸。）

看完《中国诗词大会》后我受益匪浅，人生自有诗意，生活不止眼前的苟且，还有诗和远方！让我们与春天为伴，与诗词为伴，闲暇之余坐下来好好欣赏我国如星海般灿烂的诗词，是在交流中华文化，而非仅在比赛，这正是节目叫“大会”而不是“大赛”的原因。中国诗词歌赋真是让所有语言都黯然失色的存在！

原来诗词中也有乐趣！

教案11（改后）：这里也有乐趣

进入初中，我们的语文老师就开始推荐我们看《中国诗词大会》。可是对于诗词，我却根本提不起来兴趣。可是日常的学习过程中，还是会遇到许多诗词和古文内容，我头皮发麻，抓耳挠腮，实在是躲不过去，只好靠着死记硬背应付差事。（点评：开门见山，提出问题。）

但是，所谓的《中国诗词大会》，还是勾起了我一点点残余的好奇心。当我打开爱奇艺的热播综艺节目时，它一下子就吸引了我。“苦心人，天不负，卧薪尝胆，三千越甲可吞吴。”越王为复仇，历经十余年，艰苦奋斗养精蓄锐，最终黄天不负，达成抱负。这是引经据典解释了“卧薪尝胆”，让我印象深刻。还有“百亩庭中半是苔，桃花净尽菜花开。种桃道士归何处？前度刘郎今又来。”这首七言绝句是刘禹锡的得意之作，字字体现着诗人的豪放。这一年，被贬岭南14年的刘禹锡终于回到了长安，他再次来到玄都观，赏了一回桃花，并写了这首诗来抒发自己不屈不挠的意志。

《中国诗词大会》就像给我打开了一扇新的大门。原先的诗词，就像一扇厚重的大门，将我挡在门外。通过学习历史、典故我终于推开大门，开始探究诗词里的“秘密”。原来诗词这么有趣！就像现在广为传颂的“山川异域，风月同天”就来源于1 300多年前中日友好交往的一段佳话。（点评：解决问题。）

中国诗词歌赋真是让所有语言都黯然失色的存在！通过学习诗词，我瞬间拓展了人生的深度和广度！人生自有诗意，生活不止眼前的苟且，还有诗和远方！（点评：适当展开，延伸文章的内涵。）

原来诗词中也有乐趣！

教案12（改前）：青山一道，同担风雨

“去年元夜时，花市灯如昼”，今年元夜时，新型冠状病毒不请自来，神州大地一片沉寂，而在多难之时，诸位英雄挺身而出，他们是……（点评：文章的题目，建议修改成“青山一道同风雨”，更符合语言习惯。）

84岁的您，为民出征

其实刚开始我对于“钟南山”这三个字并不熟悉，但随着这次疫情的暴发，我渐渐认识了这位伟大的人物，17年前“非典”一役，敢医敢言让钟南山家喻户晓，也赢得了广泛的公众信任。而自那以后，但凡有急性传染病，广东省公布的防控组大多数由他“挂帅”。即使年过八旬，也并不妨碍他走上抗击疫情的第一线。近期网友在网上发了一张照片，在前往武汉的途中，钟南山院士因疲劳在高铁餐车上休息。岁月夺走了他年轻俊俏的容颜，那一丝丝的皱纹牵起了我们一个个老百姓的心，感动了无数的国人。您如一座灯塔照耀着万千人民的心，也照进我的心灵深处，使我内心燃起了勤奋努力、永不退缩、敢于攀登的火焰！

短短的距离却显得那么的遥远。

我们在家与父母天天相处，而有些孩子的母亲或父亲却在远远的一线，与病毒斗争着。医生的孩子在窗外痴痴地看他的父母在里头挥汗如雨地工作着，孩子那纯真美好的童年就这样被病毒强行割断。孩子的父母已经站在抗击疫情的一线，他们在家里能顶着一个家，而在我们面前却能顶起整个世界。疫情之下，彰显人心。当华夏儿女惶恐度日、惴惴不安时，我们的白衣天使，是你们挺身而出，像顶风迎上的逆行者，像冲锋陷阵的战士，像博爱仁厚的英雄，只为保护足下这片神圣的净土，希望你们早日回家给家人一个大大的拥抱。

因为希望有了信心

很多国家知道中国有难，各个捐口罩、捐款，医生们也从各地向武汉奔来，白衣天使们都吃苦耐劳地工作着，病人们都看在眼里，在重症隔离病房中的病人们，也把无数的感激化作了四个字——打倒病魔。病人们双手合十，轻声细语道出新年的祝福，双眼凝视，目光中却充满了信任和大爱。我相信只要有你们在，世界就会充满希望和信心。（点评：小标题的使用，是文章的一个亮点。）

多难兴邦！关于疫情，我们担忧，但不恐惧；我们失望，但不绝望；我们坚守，众志成城。我们坚信，困难终将过去。中国，加油！

教案12（改后）：青山一道同风雨

“去年元夜时，花市灯如昼”，今年元夜时，新型冠状病毒不请自来，神州大地一片沉寂。多难兴邦！关于疫情，我们担忧，但不恐惧；我们希望，但不绝望；我们坚守，众志成城；我们坚信，困难终将过去。而在危难之时，涌现了无数的先进人物，他们义无反顾、迎难而上，他们是冲锋陷阵的战士，他们是博爱仁厚的英雄，他们是无畏疫情的天使……（点评：考虑到小标题的使用在这类文章里面不容易出彩，在我的建议下，小作者对文章的改动较大。）

84岁的钟南山，17年后再次挂帅出征。在前往武汉的途中，由于春运高铁票紧张，他被安顿在了餐车一角，刚一落座便拿出资料研读。岁月夺走了他年轻的容颜，那一丝丝的皱纹牵起了我们一个个老百姓的心，感动了无数的国人；武汉市金银潭医院院长张定宇，隐瞒自己身患渐冻症的病情，顾不上照顾感染入院的妻子，带领武汉市金银潭医院600多名医护人员连续奋战在抗击疫情的最前沿，凝聚起众志成城、全力以赴、共克时艰的强大正能量；湖北省中西医结合医院呼吸内科主任张继先，最早判断并坚持上报新型冠状病毒感染的肺炎疫情，第一个为疫情防控工作拉响警报，是医院救治一线的“带头人”，始终不渝把党和人民的利益放在首位。（点评：综合排比的修辞，从先进人物事迹的角度展开叙述。）

疫情发生后，许多国家给我们伸出了援助之手。“青山一道同风雨，明月何曾是两乡。”这句王昌龄的诗也随着支援的物资，来到了武汉。再次重温这个句子，我想到习主席说过，人类生活在同一个地球村里，生活在历史和现实交汇的同一个时空里，越来越成为你中有我、我中有你的命运共同体。是的，在这个经济、文化高度全球化发展的今天，谁也不能够也不可能独自去发展。（点评：点题，升华文章思想感情。）

武汉，加油！我们一直在一起！

教案13（改前）：春　天

杨春三月，小草睁开了眼睛，河流唱起了欢歌，春风在山野间肆意地奔跑。春姑娘带着她那五颜六色的画笔，来到了我的身边。她把桃花涂成了粉色，把晚霞涂成了橙色，把油菜花涂成了黄色，把小草涂成了绿色……

走出家门，便与春风撞了个满怀。风中涌动着新翻的泥土的气息，带着淡淡的香气。走在路上，浓浓的野花的馨香，使人感觉清爽极了。一群燕子不知从哪里钻了出来，在街道上穿行，一袭黑衣，如一位知名的钢琴家，奏响了春天的圆舞曲。

田野上，农民正在辛勤地劳作，一株株庄稼努力向上生长，青翠中露出绿光，柔软、光滑，让人有一股想躺上去的冲动。路边草丛中，一簇簇无名小花也露出了笑脸，花缀绿叶，叶衬红花，晶莹的露珠在花丛绿草中缓缓流动，柔和的阳光洒在上面，折射出耀眼的光，令人陶醉其中。我赶忙拿出相机，想保留这精彩的瞬间：大朵的桃花宛如少女羞红的脸；悠悠的白云像柔软的棉花；小河奔跑着，像一条项链为大地增添美丽。

春光里，家家户户都出来享受这美丽的景色，孩子们在阳光下笑着、跑着；男人们走出家门，开始了工作；女人们家里家外，带着孩子忙活起来；老人们在晒着太阳，聊着家常。我也出门了，去聆听昆虫的低唱，去欣赏鲜花的笑脸，去感受这个春天的美好。

春姑娘的颜料越来越多色，这春色图也越来越美，这个春天就像母亲温暖的怀抱，像朋友间真挚的友谊，像老师的谆谆教导，让我难以忘怀……

全文点评：（1）本文文字优美，语言通顺。（2）但是本文的语言堆砌明显。需要指出的是，好的作文在结构上一定是精心设计的。比如从（春）色、（春）香、（春）味的角度，又或者从（春）花、（春）草、（春）树、（春）木的角度，挖掘有特点、有代表性的景物，决不能泛泛而谈，“攻心为上”，在描述上要能引起共鸣。（3）朱自清的《春》之所以能成为名篇，一个很重要的缘故是在创作背景上。《春》这篇文章在“贮满诗意”的“春的赞歌”中，事实上饱含了作家特定时期的思想情绪、对人生及至人格的追求，表现了作家骨子里的传统文化积淀和他对自由境界的向往。模仿朱自清的《春》，不能生硬地照搬，要避免只停留在写景的表面，需要展开联想，重点是对写作技巧的掌握。）

教案13（改后）：春　天

阳春三月，春风在山野间肆意地奔跑，欣喜地传递着春天的讯息。“吹面不寒杨柳风”，小草睁开了她清澈的眼睛，河流唱起了欢乐的歌曲。春天像一个小姑娘带着她那五彩斑斓（点评：这个词比五颜六色用得更贴切一些。）的画笔，蹦蹦跳跳地来到了我们身边。（点评：围绕着“颜色”这个着笔点，展开对春天的独特描述，构成全文的线索。）

她悄悄地把温暖的太阳挂在天上，用温柔的手化开了林间的冰冻，把橙色的晚霞做成了一个发箍戴在头上，把翠黄的油菜花做成了一件连衣裙，用粉红的桃花涂抹了指甲，把绿色的小草当成了高跟鞋……（点评：这部分重点展现春天的景色。在描述景色时注意使用颜色和上文的“春姑娘”相对应。）

走出家门，便与春姑娘撞了个满怀。（点评：过渡句。原文中使用的是“春风”，但是联系上下文，考虑到进一步展开叙述，建议使用“春姑娘”更合适一些。为了使用这个词，我在第一段的末尾做了伏笔引出“春姑娘”这个词。从“春天”到“春姑娘”，是文意的表达需要。）风中涌动着新鲜泥土的芬芳，使人感觉清爽极了。蚯蚓急切地钻出土来，用它渴望的眼睛探究这个春天的秘密。它勤劳的身体正在土壤里积聚能量，想在这个春光里大干一场。一群燕子唱着歌在绿叶里穿行，如一位位优雅的钢琴家，骄傲地奏响了春天的圆舞曲。“我问燕子你为啥来？燕子说：‘这里的春天最美丽！’”（点评：这个对话是儿童歌曲《小燕子》的引用。适当地引用古文诗句和歌曲，能和读者产生共鸣，增加文章的可读性。这个段落重点展现春天里的动物。）

小燕子飞过田野，那里的农民正在辛勤地劳作，一株株青翠的庄稼露出希望的光芒，在阳光里沐浴；小燕子飞过城市，那里的工人正在建设，高耸的建筑正在茁壮地成长，像一个个林间的竹笋那么势不可挡；小燕子飞过公园，那里的人们尽情地玩耍，一张张笑脸宛如一朵朵娇羞迷人的迎春花；小燕子飞过天空，穿过那柔软如棉花糖的白云，向远方传递我们来自春天的祝福。（点评：这部分重点展现春天里的人。使用排比句的格式，通过虚实相间的写作手法来表现春天的美好，目的就是写出和别人眼里不一样的春天。）

春姑娘的颜料越来越多色，这春色图也越来越美。远看像一幅壮美的山水画，宛如父亲粗犷的胸怀；近看像一幅浓妆的油彩画，好似母亲温暖的面容；粗看像一幅明暗相间的素描，仿佛兄弟无间的情怀；仔细一看就是一幅精雕细琢的水粉画，像老师的谆谆教导，让我激扬奋进……（点评：为了达到表达的效果，仍然采用的是虚实相间的写法。段落开头是“春色图”，下文就必须围绕它来展开。太过于跳跃的思维，会大大减弱文章的表达效果。）

花路散影

少年情怀最可贵

◇ 邢　殚

先生最近在浏览陆机的《平复帖》，于是我也趴在电脑前，看许久也不太明白。先生笑着说这叫“外行看热闹，内行看门道”。我很不服气，想让他也见识一下我们的“门道”，于是就有了这期的同题作文《目光因你而停留》。

这个作文题，属于限制性作文题，主要考查的是学生对自己熟悉、有影响力的人或者事的把握能力。作文题本身最适合写成记叙文，在叙述中抒发自己的感激、牵挂之情。

我所选择的五篇习作各有特点：黄尚彬同学在景物描写方面比较突出，起到了铺垫的作用；林文佳同学的外貌描写，比较细腻自然；孙丽娜同学的心理描写，刻画得形象生动；虞昕璇同学在文中用欲扬先抑的写作手法，增添了文章的趣味；刘曦远同学在文中真情流露，真可谓“初闻涕泪满衣裳”，引起了我的共鸣。初一学生习作在这个层次，应该说“大有潜力”。我想通过不断摸索、仔细揣摩，肯定能进一步提高作文水平。

陆机的《平复帖》重点是汉字由隶书向楷书过渡的重要佐证。而帖外就是张伯驹和潘素的爱情佳话和惊世的人格魅力，真可谓“笔尖笔下皆文章”。“宁负白头翁，不欺少年郎”，我想，说不定哪个“少年郎”也会写出今世的《平复帖》呢！

本文发表于《大江晚报》2017年4月15日WBA14版 成长周刊。

目光因你而停留

虞昕璇

时光马不停蹄地向前追赶着，我探出头拼命地想伸出手抓住你，你却如一缕烟丝从我手中溜去，缓缓地消散，只留下一丝芳香。我移开目光，情不自禁地停在了你的身上——我的母亲。

开学后随之而来的压力犹如颗颗石子填满了我的心，我已再无空闲去顾及身边的琐事。在透出温馨昏黄灯光的小书房里，却弥漫着不寻常的安静气息。我焦躁地盯着可恶的题目，它张牙舞爪地向我示威。听着时间不紧不慢向前迈着步子，我气呼呼地抓起满是公式的草稿纸揉成一团，砸向闹钟，却正好落在被轻轻推开的门缝边。

一丝清香顺着门缝飘来，淡淡的、凉凉的，荡漾开来。轻轻地，一碗刚刚酿好的桂花羹放在书桌上，我抬眼看见你那满是被时间烙印着皱纹的手里紧攥着一团纸，刺眼的白纸边印出你手上丝丝痕迹，它们像毒蛇一样爬上我的心头，我急忙移开视线，却看见你那清秀的脸庞，时间的流逝如风一样，没在你的脸上留下一道痕迹，我的目光转向你那原本乌黑的直发。

如今，窗外的鲜花开了又谢，谢了又开……十二年的往返，它依旧灿烂，而你那如瀑布般的秀发中却冒出几根银丝。你似乎猜透了我的心思，却毫不在意，用手捋了捋头发，淡淡地对我说："吃了吧！不着急。"便轻轻带上门走了出去，不再打扰我。我闻着这芳香，用笔在本子上画下最后一支舞蹈。

时间的穿梭没有带去我的目光，它追寻着你的身影，关注着你何时都轻盈的每一次动作……

本文发表于《大江晚报》2017年4月15日WBA14版 成长周刊。

目光因你而停留

孙丽娜

我，漫无目的地在"天空"中漫步，看到自己心仪的东西，只是一眼带过，留藏在心底，这是我的记忆，拥有自己的记忆曲线，一切归为零，除了你——我的母亲。

自从我进入初中以来，考试的语音，整天缠绕着我。成绩旁边的红圈里，名次不断变化着。

这天，红圈里的数字一下子退后了二十几名。我诧异地看着试卷，一个毛茸茸的脑袋钻了过来，随之而来的便是一阵嘲笑声。以往从来不是我对手的同桌，一下子反超了我，我心里难受极了！终于熬到了放学，我故意把脚步踏得很重，手中揪着伤痕累累的试卷，拖着脚步回到了家。

我一回家，便钻进书房把试卷藏进抽屉，不想再看。这时，你推门进来了，我瞟都没瞟一眼，心不在焉地想着笔下的数学题，嘴里嘟囔了一声："天天都来烦我，真是……"你似乎听见了我的抱怨声，说："考试没考好，喝杯热水放松放松，遇到这么点小挫折就受不了了？"我心里一凉，便知道校讯通告诉了你一切，这次，我心中的小火山终于爆发了，冲你大喊道："别跟我提这件事！"说完我就后悔了。我垂下眼帘，拼命地想用你手里杯中的白雾抹去自己刚刚的记忆；吞了吞口水，拼命地想咽回自己刚才的话语，但那只是“我想”罢了……我看到你那双沾满岁月痕迹的双手，轻轻拢着被白雾笼罩的玻璃杯。听到这话，你的双手微微颤了一下，但却稳稳地端住了，你侧身挨着我，轻轻地把玻璃杯放在桌上没有作业的一角，细心地用那双手拢着水杯，感觉着水的温度，淡淡地说了声：“有点烫，慢点儿喝。”我的眼前模糊了，不知是玻璃杯中的雾气，还是泪水湿润了眼睛。你不仅稳住了水杯，还稳住了我充满压力的心。化压力为动力，给我从头再来的勇气。

人生就像一次旅行，路上会遇到形形色色的人，大多数人只是沿途的风景，唯有你，我的母亲，就像沾满岁月的双手稳着的那一丝余温。母亲，我的目光为你而停留。

本文发表于《大江晚报》2017年4月15日WBA14版 成长周刊。

目光因你而停留

林文佳

光阴似箭，原本还沉浸在小学时代快乐的我，如今已踏入了初中的大门。我的目光略过一切景象，却唯独停留在你的身上——亲爱的母亲。

刚刚步入初中的我还不适应这忙碌的生活，学习负担仿佛压得我喘不过气来，使我变得焦躁不安。

“当、当、当”又是一阵我跺脚的声音，我心里不停地咕喃着“题目太难了，不做了，不做了”。我回头大喊妈妈，正准备往下说，可是我看到了一幅景象，使我的声音越发变弱。妈妈那瘦小的身躯坐在板凳上为我缝补校裤。

你那灵活的手指正穿针引线，没有一刻停留，就连我的叫喊也没有回音，突然间我原先的心烦意乱在那一刻消失得无影无踪。望着那缝补的双手，我的心中打了一个寒战，原本那双纤细又白皙的双手，怎么突然间变得枯黄黯淡，还在不经意间多了几道皱纹，犹如波光粼粼湖面上的道道涟漪，我的心中不禁掠过一丝凉意。我的目光又注视到你的头发，你原本乌黑亮丽的头发经过岁月的洗礼变得白花花、乱糟糟的，在微黄灯光的照射下显得更加枯黄，年轻的妈妈头上长出了好多白发，如同杂草般，在我的注视下，显得更加耀眼。这一切打动了我，眼泪在眼眶中闪动，使我的思绪飞到多年以前，你洗衣做饭，接送我上下学，至今都没有丝毫停歇。原来这白发皱纹都是为我而操劳的……

世间万物中有那么多旖旎的景物，但我相信我的目光只会为深爱着我的你而停留。

本文发表于《大江晚报》2017年4月15日WBA14版 成长周刊。

目光因你而停留

黄尚彬

岁月在流逝，却洗刷不掉那无私的母爱；四季在变迁，却改变不了那感人的目光。穿梭在回忆中，回荡在墨香里，我的目光，永远为你而停留！

漆黑的夜晚渐渐织上雪白的天空，织上对面的屋檐，也织上了我的心。那份黑暗，那份沉重浓浓地压在我的心头，使我本来混乱的内心，如同灌了糨糊一样更加杂乱无章。我面如死灰地盯在试卷上，上面的题目在对我狞笑，狂风在对我咆哮，手上的笔也如同灌了铅，“啪”的一声掉在地上，便再也起不来了。我绝望地趴在桌上，心里仿佛被掏空，只剩下无穷无尽的空虚……

风，渐渐小了，温暖得如同母亲的双手；云，渐渐散了，淡雅得如同牛奶上的蒸汽。不知何时，一股淡淡的奶香弥漫了整个房间，柔柔地打开我的心房，母爱踏着奶香，浓浓地淌在我寂寞的原野上。

我茫茫然睁开了双眼，妈妈踏着轻盈的步伐，手中捧着牛奶，悠然走进我的眼帘。“牛奶来了，快趁热喝了吧。”她笑着说。我的目光停留在妈妈那微微上扬的嘴角上，那几颗白玉般的牙齿，衬上柔柔的灯光，如同彩虹，也好似窗外那轮可爱的小月牙。

“当——当——”窗外的大钟提醒了我，我的目光定格在半夜十二点，我有了睡意，正准备上床时，妈妈却早已疲倦地趴在床角睡着了。灯光越来越暗，妈妈那沧桑的身影倒映在地面上。我的目光停留在那原本乌黑的头发上，可那早已悄悄地露出许多银丝，那原本可以融入黑夜的乌发呢？额头上也渐渐爬上了细纹，那原本可以与白玉比肩的额头呢？这一切难道不是为我操劳的结果吗？我想为妈妈披上一件衣服时，妈妈的眼睛睁开了，那无私、温柔、充满母爱的目光柔柔地融入我的心扉，渗入我的心房。我的目光也坚定地定格在她略显苍老的脸颊上，我的坚定，她的母爱，就在这目光的交融中，迸出了母爱的火花。

四季交替，岁月流逝，不管怎么样，不管发生什么，妈妈，我的目光，永远为你而停留！

本文发表于《大江晚报》2017年4月15日WBA14版 成长周刊。

目光因你而停留

刘曦远

风呼呼地刮着，似乎在皱着眉头抱怨着什么，我不去管它，急急忙忙地往嘴里塞着晚餐，坐在一旁的妈妈用柔和的目光深情地望着我，并轻轻地拍着我的后背说：“慢着点吃，别噎着。”“再慢，作业来不及做了。”说着我又拿起几片面包塞进嘴里，便要进书房，妈妈拉住我，说“吃完再写作业。”我无奈只好耐着性子将剩下的面包吃完，夺门而走。

时针已经指向了十点，此时的我已经做完作业，妈妈端着一杯热气腾腾的牛奶走进了我的书房。“作业写完了吗？”妈妈问。牛奶的雾气遮住了她的脸。可是我依然能够看清妈妈慈爱与期盼的目光，我的目光和妈妈的目光相遇的时候，我一下子愣住了，半晌，我回答说：“作业没有了，就差将作文电子稿发给老师了。”妈妈点了点头说：“时间不早了，你洗洗上床吧，我来帮你打。”我点了点头。

洗漱完毕，我准备上床了，可是又想看看妈妈打了多少字，于是我又走向了书房。书房的门半掩着，从门缝里我可以清楚地看见妈妈在灯光下打字，脸被灯光照得一边明一边暗。妈妈细长的手指在键盘上跳跃着，似一群舞者在翩翩起舞，屏幕上的字也接连地跳了出来。再仔细看，妈妈的手背已布满了像键盘上那交错的缝隙纹路，再看一下，妈妈原本挺直的背竟似乎有些弯了，不时地还低头辨认我的字。这一切的一切都像那键盘打在我的心上，我知道这一切都是岁月在不经意间留下的。虽是不经意，可是当我看到这岁月在母亲身上留下的“痕迹”时，似乎有一块巨石压在我心头，压出我的心酸与感动。

“妈妈！”我不经意间叫出了声，可是却别过脸去，不想让妈妈看到我的眼泪，因为妈妈眼中的我，一直是个坚强的孩子。“怎么还不去睡觉？”妈妈应声站了起来，打开了书房门，可我早已不见了，我已经上床睡觉了，因为我发誓从此以后，一定要做一个让妈妈省心的孩子。

从这一天起，我的目光再不会不顾眼前的风景横冲直撞了，而是为妈妈——一个深爱我的人而停留。

本文发表于《大江晚报》2017年4月15日WBA14版 成长周刊。

情感真挚最能打动人

◇ 邢 弹

“原来，我长大了”是初一年级语文期末考试的作文题目，我选取了几篇学生作文做简单的点评。首先，我认为这几篇习作有一个共同之处：情感真挚打动人。再进一步仔细分析，我归纳出以下几个共同特点：欲扬先抑，披情入手，情景交融。

1. 从结构上说，需要设立一个“欲扬先抑”的情景，来对比“原来”和“现在”的我。在考试时先需要仔细地审题，琢磨题目设定的范围和要求。仔细体会这层转折关系，是写好这篇作文的基础。在作文中，需要体现一种“恍然大悟”般的情绪转变，来表现我“原来”和“现在”的样子对比。这个“原来”就是文中的铺垫部分。黎文琪同学在铺垫上用了心思，而孙丽娜习作的“欲扬先抑”，是通过母亲表情的变化来表现的，让人读罢，就有融入的冲动，成为你的周遭，展现在你的四面八方，更有新意。

2. 从内容上说，需要“披情入手”。要想在时间紧、情绪紧张的考试作文中，体现自己作文水平，在选择作文材料上，一定要优先考虑自己熟悉的事例。在这个作文题中，最容易把握的就是在学习、生活过程当中，和父母之间的沟通交流上，既情真意切，又生动感人。基于这个要求，叶钊凝同学的作文就显得尤其细腻真实、清新自然。

3. 从写作技巧上说，尤其需要“情景交融”的写作手法。在初中语文教学实践中，都是一个重点部分。在抒情的段落，加入景物描写，情景交融是文章增色的亮点。黎文琪同学的习作在这个部分的表现，同样出色。

4. 从写作要求上说，因为不限文体，张榆同学的书信体作文实现了“弯道超车”，让人眼前一亮，值得鼓励。

总之，情感真挚就会让我们的习作富有层次和生气，就如作画，展开的是一种开怀开襟的状态。“不下堂筵，坐穷泉壑”，似长袖善舞，揉开、展开再翻动给你看，“山水自来亲人”。作文如此，能引起大家的共鸣，自然也就会取得高分。

本文发表于《大江晚报》2017年8月24日WBB08版 教育周刊。

原来，我长大了

黎文琪

经历了困难，我学会了坚强；经历了离别，我学会了微笑。——题记

刚上初中时，爸爸妈妈为了让我受到更好的教育，将我和弟弟从小县城转入市区的学校，于是，我们搬出原来那个大大的、舒适的家，住进一个狭小的房子，但是，渐渐我发现，妈妈变了。

记得在原来那个家里，妈妈总是笑盈盈的，考试失利时，也会温柔地对我说："没关系，下次继续努力。"但是，现在我没考好时，她不再温柔地对我说"继续努力"，取而代之的是不耐烦地皱着眉头说："你怎么考这么差?!"我不知道怎么回答妈妈，两眼空洞地望着地板，任泪水肆意流下。时间一长，我开始难过，难过妈妈只关心我的分数，不再关心我的成长，难过她对我的爱在一点一滴地减少……

一天早晨，妈妈正要带着弟弟去补习班，见我走来，她头也没抬，仔细地帮弟弟整理衣服，淡淡地说："我先带你弟弟去上补习班了，自己弄点吃的吧。"见她正要离开，我忍不住问她："妈妈，你为什么不关心我了呢?"妈妈脸上掠过一丝复杂的表情，我以为会得到一个令我开心的答案，但是我错了，妈妈只是说了一句："太忙了，没有时间。"说完，就带着弟弟急匆匆地离开了。刹那间，委屈、怨恨交织在一起，心里像打翻了五味瓶一样，五味杂陈，泪悄无声息地滑落。窗外，乌云笼罩天际，几缕雨丝偏离轨道，洒在我的发际和唇边，似乎还带着苦涩的味道。

我失落地走进房间，不经意间看到妈妈写的日记："孩子总是问我为什么不关心她，她长大了，我想让她学会独当一面，我想为她多做一点点……"刹那间，阳光拨开乌云，微风轻抚，一切怨恨和不满都烟消云散。回想起这一年，我变化不少。以前，我总是事事缠着妈妈，而现在，我学会了如何照顾好自己和弟弟，学会了一个人解决难题，学会了独自一人上下学，学会了不轻易放弃……原来，我早已在不知不觉中长大。

现在，我终于找到问题的答案：原来，我长大了。

本文发表于《大江晚报》2017年8月24日WBB08版 教育周刊。

原来，我长大了

孙丽娜

不知不觉中，我的初中求学生涯已走过三分之一。前面路还很长，需要我们继续坚持；前面的路会不断分支，需要我们自己选择；前面的路会越发艰难，需要我们披荆斩棘，一路向前。当我们在茫茫人海中做出抉择时，我们在渐渐地长大。

母亲已经陪我度过了十四年的光阴。今年的母亲节因为与兴趣班时间冲突，我只好提前一天为妈妈准备礼物。

记得那是一个阳光明媚的星期六。下午的兴趣班结束了，我独自坐公交车回家。我一边前往车站，一边想着如何既在时间上不让妈妈怀疑，又能给妈妈一个惊喜。一个两全其美的办法产生了，我转转眼珠，窃笑了一声，拨通妈妈的电话，以路上堵车为借口，趁机挑一束百合花送给妈妈。

我一下车就急匆匆地奔向花店，挑了一束新鲜的百合花，香味不刺鼻，是那种淡淡的，闻一下，让人神清气爽，给人缥缈、轻柔的感觉。

回到家，我轻轻地把门合上，将百合花藏在身后，走向妈妈，妈妈一脸疑惑地看着我说："手里拿着什么啊？神神秘秘的。"我没有回答妈妈的问题，让她闭上眼睛，妈妈睁开眼睛那一刻，我递上百合花，有些不好意思地说了声："妈妈，母亲节快乐！"妈妈一反常态，丝毫没有掩饰喜悦，毫无保留地展露出脸上的笑容："我家的宝贝女儿终于长大了！"

晚上，妈妈忍不住发了朋友圈晒了晒她收到的母亲节礼物，从此那束百合花让妈妈插在客厅餐桌上的花瓶里，细心地照料，每当看到这束百合花，妈妈的嘴角都会露出一丝甜蜜的微笑。

一句善意的谎话，一束漂亮的百合花，一句"妈妈，母亲节快乐"，生命的十四年里，我在学习中成长，在成长中收获，原来，我长大了。

本文发表于《大江晚报》2017年8月24日WBB08版 教育周刊。

原来，我长大了

叶钊凝

成长就像老街巷中的青石板阶，一步步走来，有喜亦有悲，回首往事，才发现，原来，我长大了。

青葱岁月，往往有许多让我们回味，军训中的时光，便是成长中最宝贵的记忆。

一个阳光明媚的早晨，在训练场的寂静中挺直身子，下一秒，所有人冲回宿舍，整理内务。整理床单、被子，看似简单，却让我们手忙脚乱。好友站在身旁，盯着手中的被子直发呆。“怎么了？怎么发呆，抓紧时间啊！”我有些着急，好半天，他才哭丧着回答：“我不会叠，怎么办啊？在家里都是妈妈帮助我！”

一瞬间，我愣了一下，没说什么，继续整理自己的被子，他笑着摇摇头，整理起来。没有什么不能成功，不一会儿，两个整整齐齐的“豆腐”被单完成，我们相视一笑，小声说：“原来我自己也可以做到。”我点点头，是的，原来我长大了，自己能够完成任务。

又是一声集结号，戴上帽子，赶忙下楼去。教官给我们篮子，去食堂打饭。我们在欢呼雀跃与兴奋好奇中，来到了食堂。一声令下，所有人围在盛饭的地方。只见有些人麻利地舀取，部分人没抓稳，饭撒了一地，受到少许责备……马上就到我了，不免紧张，我小心接过勺子，盛了一大勺，手有些发抖，渐渐接近了饭碗，胜利就在眼前。不知是谁说了一句：“快点呀！”我突然一愣，米饭撒了几粒，有些慌张，连忙加快速度，终于成功。教官说：“长大了，自己应该能做这些事。”我点点头，是的，我长大了。

回到学校，推着行李箱，妈妈就在不远处向我挥手，欣喜激动，促使我迅速跑了过去，继而一个大大的拥抱，顿时感到满心的温暖。妈妈伸过手，想要帮我提行李箱，我想起教官的话，想起军训的一幕幕，于是抢先一步，微笑着说：“没事儿，我自己来。”妈妈笑了，是欣慰的微笑，是看到女儿终于长大的会心一笑。走在前面，不知怎的，眼角有些湿润。或许是快乐，因为终于可以证明一点：原来，我长大了。

池中摇尾的鱼儿总有长大的一天；嗷嗷待哺的稚鹰总有展翅飞翔的一天；鲜嫩娇小的幼苗总有长成参天大树的一天。人亦然，仰望蓝天，一时感慨万千，终于明白，原来，我已长大。承担起肩头应尽责任，在自己的天空中自由飞翔。

本文发表于《大江晚报》2017年8月24日 WBB08版 教育周刊

原来，我长大了

张　榆

亲爱的宁老师：

您好！近来身体好吗？最近天气有些凉，您要多保重身体。我已完成初一阶段的学习，就要升入初二了。时光飞逝，不知您还记得小学时对我的教导吗？那时我不懂事，总伤您的心，现在我长大了，总算理解您的良苦用心。

记得那是一个大风天，天空阴暗得让人莫名紧张。风凛冽地刮着，窗外的树叶疯狂地拍着巴掌，刺骨的凉风在空中肆意奔跑。骤然黑下来的世界中，只有一个教室还微微亮着灯，那光芒挺灼人的。

我哭丧着脸坐在凳子上，打了个哈欠，耳边充斥着草木低低的哀鸣。我吼着："凭什么这么晚，还留我扫除?!"明天要评比"最美班级"，我昨日犯了错误，今天被留堂。可这大风肆意的天，为什么要扫除呢？我想偷个懒，悄悄溜走。

刚到楼梯口，却正巧被你揪个正着。"干什么去呢?"你威严的声音在我耳边响起，"分内事还没做完吧，不许走!"你一改往日的温柔，狠狠地训了我一顿。我委屈极了，没想到这么晚，你还没走。

我再也不想理你了，你却在第二天把我叫去，说了我今生都难以忘记的话："孩子，做事情要负责。犯了错误，就要坦然接受惩罚。为班级出力，是光荣的事情。孩子，你知道了吗?"我看见你眼中闪耀的如慈母般的光辉，双眼不禁涌出泪水，郑重地点了点头。

而如今，当我拿着抹布站在中学班级的窗前卖力挥洒着汗水时，骄傲与自豪溢满心中。原来，我长大了。

我这一路上的成长，都缺不了您那几年的谆谆教导啊，老师！沐浴着您的教导，我长大了，您也老了。成长路上有您陪伴，我不孤单。

祝

桃李满天下!

您的一个学生

2017年6月27日

本文发表于《大江晚报》2017年8月24日 WBB08版 教育周刊

万花筒中的世界

◇ 邢　殚

这次的同题作文的题目是《幸福的颜色》。拿到这个题目，我想了很多。如果让我来写，幸福的颜色是什么呢？首先作为一名人民教师，桃李满天下肯定是我的人生理想，如果要用一种颜色作为符号，那肯定是绿色，因为绿色意味着希望和成长；其次作为一个母亲，我的幸福是孩子能健健康康地成长，当然我会选择那整洁校服的颜色——鲜艳的蓝色，来寓意我对孩子的宠爱；再次作为一个妻子，我的幸福就是有一个美满的小家庭，用红色象征着红红火火的日子，理所当然。

通过分析，我觉得每个学生在拿到这样的题目时，都会觉得有感而发、有事可写，这是这个题目的成功之处。但是这个看似普通的题目，并不是人人都能取得高分，这也是这个命题作文的高明之处。因为阅读面的限制，做好这样的作文，就需要我们考虑在仅有的事例、范文的基础上，重新选取合适的角度，来表达出自己独特的感受，让人耳目一新。这让我想起了一个脑筋急转弯："一双袜子刚买来就有了两个洞"，不由让人会心一笑。

再来看学生们的习作：张榆同学通过"绿色"链接了奶奶的菜园，在结构设计上用了小标题，很工整；李希然同学融会贯通，通过习作的修改，达到了本次作文的要求，给他点赞；林文佳用毛衣的"粉色"串起与奶奶之间的祖孙情，细节描写尤其生动，"灵活得像一只小兔子"让我印象深刻；季嘉良同学的这篇习作在修辞的使用上，表现尤其突出，值得表扬。

世界是丰富多彩的，变换角度来看世界，就如在人们的面前展现了一个万花筒，"同一个世界，不同的精彩"。如果让我写这篇作文，我会毫不犹豫选择从老师的角度，讲述帮扶调皮的学生回归学习的正确轨道上来的事例。我不避讳，因为无论作为老师，还是我毕生追求的事业，这样做人、做事或者写作文，都更容易受到褒奖。

本文发表于《大江晚报》2017年11月9日WBB04版 教育周刊。

幸福的颜色

张 榆

世上颜色千千万，我却独爱绿色，青油油的绿色，生机盎然的绿色，饱含沧桑却温柔的绿色，因为这是奶奶的菜园的颜色，是幸福的颜色，是浸在汗水中的颜色。

褐 绿

春日的下午，万里无云，街边树影、人影交叠，混为一片静谧的绿。小风悠悠吹，在我心上猫爪般轻挠。我坐在藤椅上，藤椅和蔼地淡淡摇晃，拥着我，一起看向弓着腰在园子里忙碌的奶奶。她察觉到我的目光，撑着腰慢慢起身，蹒跚着走到我跟前，摊开她粗糙又布满沟壑般裂纹的手掌，露出几粒褐绿色的子儿，另一只手抚着我的头说："乖孙，你看这是什么?"我翘着嘴摇了摇头。奶奶扶了扶身旁的钉耙，慈爱地说："这是茄子的种子。奶奶我啊，要弄个菜园，自己种菜，让你们吃得放心。那外面买的，保不准有农药。"我的视线越过奶奶，看向她的菜园，又瞅了瞅这褐绿色的种子。嗯，这种子有幸福的味道。

油 绿

夏天在不知不觉中飘然而至，奶奶的菜园里热闹非常。丝瓜、葫芦的藤儿争相缠上竹竿，南瓜叶却慵懒地伏在地上。豆子的叶片上有细小的绒毛，为这油绿更添一层朦胧。最楚楚动人的，还是那小青菜，亭亭玉立地立在黄泥盆里，身段轻盈，婀娜多姿。奶奶望着这一园的生机，汗水蜿蜒流下的脸上溢满了喜悦。这一抹油绿，是幸福的颜色，点亮了夏天。

翠 绿

秋天敲响了丰收的钟声，奶奶的菜园里硕果累累。冬瓜鼓着肚子挺在地上，黄瓜和丝瓜一条条地倒挂在茂盛的藤上，纵横交错，翠绿的清香盈满怀。奶奶的身体大不如前，却仍忙着时不时往菜园里浇点水，施点肥。我心中很是担忧：这翠绿是幸福的累赘！

这抹绿伴我成长，这抹绿给我依偎。它是奶奶的心血，它是幸福的颜色！

本文发表于《大江晚报》2017年11月9日WBB04版 教育周刊。

幸福的颜色

季嘉良

雄鹰的幸福是追逐无边的蔚蓝，农夫的幸福是一片金黄的稻田，妈妈的幸福是呵护稚嫩的粉色，而我的幸福是那足球场上翠绿的草坪。

走在绿茵场上，思绪又飞回到五年级的那个暑假。天刚刚微亮，我便坐起身穿上衣服，准备奔赴“战场”了。身边的许多店铺还未开门，夏日的骄阳此时还是柔和的一面。来到训练场地，因为是第一天，所以大家都显得格外兴奋，完全不会想到之后的日子会有多么艰难。

哨声吹响，我们排着整齐的队伍开始了晨跑。因为早上的训练不能吃东西，所以跑起来格外吃力，仿佛腿上有一个千斤重的铁球束缚着我。几圈下来，我已是满头大汗，口渴难耐。这时的我多么想喝一口水啊！随着第二次哨声响起，我终于可以喘口气，休息一下了。进入一个小的“囚笼”，面对着铁丝网，我们枯燥地重复着同样的动作，直到被“上帝之手”选中才能飞出这“囚笼”，感受真正的自由。在我一遍遍地练习后，终于飞了出去，来到了我早已准备好面对的“战场”。来到草坪上，可以在空气中闻到青草和泥土的芳香。这时候，我觉得幸福是那么简单，同时迎接幸福的过程又是那么的困难。奔跑在足球场上，我可以感受到足球运动员热血澎湃的激情和他们源源不断的动力。

足球在场上飞快地滚动，汗水在拼搏中流淌，欢呼在耳边响起，幸福就在此刻产生，就在这绿色的足球场上。幸福就是这么简单，一件事或是一个地方就能让你感到幸福。

幸福是五彩缤纷的，它是人们心中最美丽的景色，是我心中那块永远芬芳的草坪，那个充满欢呼的“绿色战场”。

本文发表于《大江晚报》2017年11月9日 WBB04版 教育周刊。

幸福的颜色

林文佳

在我的心中，幸福的颜色就如那浅浅的粉色。那种颜色像一束温和的阳光，温暖着我，温暖之中又不失一点小甜蜜。粉色就是那一道幸福的颜色。

还记得两三年前，奶奶帮我织了件粉色的毛衣，上面还有一只可爱的小兔子。至今，我都保留着。每到天转凉时，便会穿上。我最喜欢那件毛衣，仿佛再冷的冬天，只要穿上它，便温暖得像一束阳光洒在心中。那欢喜，那一丝丝幸福，犹如花瓣在我心中一点点绽放，每次看到那件粉嘟嘟的毛衣，我便会想到。

那是两年前，奶奶问我："想不想我给你织件毛衣啊?"她慈祥地看着我。我说："想，我想要一件粉色的衣服，我最喜欢粉色了。"于是，奶奶便拿起针和线，我们祖孙俩搬起小板凳坐在阳台上。奶奶已经快70岁了，织件毛衣都需要戴上那副老花镜。我静静凝视着奶奶。那双布满皱纹，犹如一道道水纹的双手和细针穿梭在粉色毛线之间，灵活得像一只小兔子。奶奶一针一线地织着，没有差错，即使到了晚上，奶奶仿佛也没有困意。看到这一幕，我的泪花已在眼眶中不停打转。连续好几天织毛衣，终于完工了，如蜜一样的欢喜涌上我的心头。可是我却发现奶奶的手上被细针扎了好几个洞，顿时便担心起来，关心地问："没事吧?"奶奶轻轻地说："没事，只要你穿得暖，奶奶做什么都值得。"顿时，我觉得那件粉色毛衣沉重了很多。那件毛衣倾注了奶奶的汗水和辛劳，奶奶对我深沉的爱便是最幸福的。如今每次穿起那件奶奶亲手织的毛衣，就仿佛与奶奶更近了一步。穿上毛衣，幸福便萦绕在我身边。

每一次看到粉色便会想起与奶奶一起的时光是多么幸福有趣，粉色就是我心中最幸福的颜色!

本文发表于《大江晚报》2017年11月9日 WBB04版 教育周刊。

幸福的颜色

李希然

生命的五彩缤纷，由幸福来描绘，而不同的幸福代表不同的颜色，我的幸福，是那最普通纯洁的颜色——白色。

自进入初中以来，我的学习越来越繁忙，每天晚上加班已成了家常便饭，与往常一样，期中期末考试时情况更糟糕。

这又是一次临近期末，每天晚上都得埋在作业堆里发奋图强。周围的空气似乎凝固了，静得连一根羽毛掉在地上都能清晰地听见。偌大的房间里，能听到的，只有刷题时笔尖摩擦的沙沙声。

月，洁白如雪；夜，深沉见底。一缕缕皎洁的月光，透过银白的纱窗，洒进屋中，洒在书桌上，在绿萝下映出淡淡的月影。今天的作业特别多，我已经被作业给埋起来了。"今天晚上又要加班了，唉!"我感叹。可这些作业是必须要写的，你若不做，考试别想取得好成绩。我咬着笔头，对眼前的题目苦想冥思。

突然，一阵轻轻的脚步声，悄悄地向我飘过来。我猛然回头，哦，原来是妈妈!我的目光向上浮游，一眼瞥见她手上端着的一杯牛奶。白色的杯体，流线型美丽如初，杯口还飘着一股白雾，缓缓向上升腾，那是阵阵牛奶的芬芳。妈妈见我回头，满脸笑容，“喝点奶吧，你也累了，休息一下再做吧。”温和、悦耳的声音伴着奶香飘进我的心田，我的心情突然放松了很多，幸福之感在心中升腾。

这牛奶的白色是妈妈多年以来对我的爱，在我寒冷饥饿的时候，在我身心疲惫的时候，她总是及时送上，给我满满的幸福。那洁白的杯体伴着淡淡的奶香在灯光的照耀下绽放着金色的光彩，周围似蒙了一层光圈，一股幸福的暖流传遍我的全身。

幸福的颜色，五彩缤纷，而我的幸福，便是那杯牛奶的颜色，洁白如雪，妈妈对我无私的爱，更印在了我的心灵深处。

本文发表于《大江晚报》2017年11月9日 WBB04版 教育周刊。

心底最柔软的地方

◇ 邢 殚

汪思航短短的几百字，拨动了我心底的柔软，一句一句拉近了心灵的距离，这何尝不是我们曾经的感动？回想少年时光，那时的我们也是懵懵懂懂，没心没肺的“一脸蒙圈”，所以当我看到这些文字的时候，感情像开了闸的洪水喷涌而出。我在回想我的初中时光，我就是一个辜负了母爱的叛逆少女，绝没有从洗澡水的温度而感触母爱的崇高。直到现在我为人妻为人母，我才开始反思，并用我的所学来回报社会。是的，“在所有人在乎你飞得高不高的时候，唯独她问你，飞得累不累”——这就是世界上最伟大的母爱。我想大概这就是我辑录这期同题作文的初心。

出于这份“初心”选取的几篇作文，都体现着这样几个特点：

1.理解与把握题意准确、到位。虽然是半命题作文，但是同学们基本上都准确地把握了文章的内容，并紧密联系了文题。

2.在内容选择上，能结合自己的独特感受，选取新颖、独特的角度。比如李邦宇同学的作文中，用“你”作为指代，亦师亦友，既可以理解成具体的同学，也可以理解为集体的每一个人，这让我想起了《少年派的奇幻漂流》，还有黄尚彬同学用诗一样的语言串起四季，徜徉在母爱的时光中，都是一种有益的尝试。

3.写作技巧的综合运用日臻成熟。赵思雅同学的情景交融、李邦宇的排比修辞都表现得比较熟练。

4.文章语言清新自然，贴近生活实际，细腻感人，情感真挚，读来令人倍感亲切。

正是这份初心，一直激励着我和学生们在一起。“江山代有才人出，各领风骚数百年。”所以我得说：孩子们，你们真的很棒！

本文发表于《大江晚报》2017年12月21日 WBB04版 教育周刊

你用希望温暖了我

赵思雅

风吹花落去，你告诉我希望一直在蔓延。——题记

窗台边的这株小花，优雅地舒展着曼妙的身姿，它与莺歌同燕舞，它披着暖融融的阳光听着雨花敲打着地面，它的芳香里弥漫着生命的希望，这样的美好，总会让我忆起那日你将它递给我的模样。

遥记得那年，我期中考试失利了。平日里热情活泼的我仿佛骤然跌落冰窖，炽热的心开始被畏惧、惊慌、寒冷笼罩。那段时间，我很迷惘，像一只走失了的小兽，暴躁而又可怜。

接着，几场考试接连失利，我心中的那堵墙被击倒。那天，面对狰狞的分数我麻木的内心没有一丝波澜，像是认命似的将卷子放在桌子上，苦笑着："算了。"那时，我不敢看你的眼睛，我害怕在我挚爱的父亲——您的眼中看到失望。

夜晚，静谧的很安详，几声亲切的敲门声打破了沉寂。只见你把双手背在后面，拿着什么东西似的向我走来。晕黄的灯光微晃着，照耀着房间的每个角落，煞是温暖。你的嘴角扬起一抹笑容，故作玄虚地将手渐渐从身后向前移动。我看到一朵小花儿在盆里屹立着。它娇弱，但又透着战士般的坚强。你将它递到我的手中，你掌心的热度让我的手也暖了起来。

你对我说，这株盆栽里的小花儿是奶奶去年种的，开花没多久就枯了，可是神奇的是，今年春天竟又开花了，而且长势极好，未来说不定还会成簇呢！我看向手中的盆栽，茵绿的枝茎托住了洁白的七片花瓣，像是舞女的白裙美丽地绽放。花瓣中央隐隐露出嫩黄，那是花蕊，那样的灿烂便是花儿耀眼的希望。我的心突然被撼动。你摸摸我的头，和蔼地笑着："闺女，花会落去，但它的种子在生长，希望就在蔓延。考试虽然失利，但是希望还在前方烁烁发光呢。"我的心中涌过一阵暖流。你眼中的期待让我看到了希望，于是温暖又充斥着内心，我紧紧握住盆栽，希望在我心中扎根，生长……

那个夜晚，那株盆栽，那样和蔼的你，给我带来了温暖人生的阳光。

本文发表于《大江晚报》2017年12月21日 WBB04版 教育周刊

你用笑声温暖了我

李邦宇

你是我们班最热心的人，下课时，总能看到你帮助同学的身影；你是我们班最

乐观的人，似乎无论什么困难、挫折，都不能把你打倒；你也是我们班最爱笑的人，你的笑声似乎能驱除一切烦恼，温暖我们的心。

那是一次考试，原本自信满满的我，却因为一个小小的失误而跌到了全班30多名。试卷上鲜红的“×”犹如一张张血盆大嘴，吞噬着我的心。下课了，同学们高兴地说着成绩，而我却失落地坐在一旁。窗外的鸟儿叽叽喳喳地叫着，仿佛是在嘲笑我。“唉，人倒霉，连小鸟都生厌啊！”我唉声叹气。

“哈哈哈！”未见其人，先闻其声，你跟随着你的笑声出现在我的面前。“怎么啦？没考好啊？没事，一次没考好没关系，再接再厉嘛！”你笑着说道。“怎么，你笑什么？难道连你也想嘲笑我吗？”我大叫道。“不不不”，你连忙解释道，“Laughter is the best medicine（笑是不苦口的良药），你也笑一笑吧！说不定，你会变得好一些呢！”你又哈哈大笑起来。听到这纯正的“中式英语”和洪亮的笑声，我似乎不再那么伤心了。这笑声，仿佛穿透了我的心，如一缕阳光，驱除了烦恼，温暖了我的心扉；这笑声，又如一道闪电，冲进我身体的每个角落，使我重新振作起来；这笑声，也如一颗蜜糖，滋润着我的心，带给我无穷的温暖和力量……

你用笑声温暖了我。这笑声，凝结了我们深厚的友谊，深深地嵌入我的心中，我永远也无法忘怀。它在我的心里结成一朵友谊之花，一点一点绽放，永远陪伴着我，温暖着我的心扉。

本文发表于《大江晚报》2017年12月21日 WBB04版 教育周刊

你用爱温暖了我

汪思航

爱如阳光，总在不经意间轻轻拨动心中的那根叫温暖的弦，奏出令人感动的歌。——题记

前些日子我们从宽敞明亮的大房子，搬进了离学校很近的出租屋。房子又小又旧，还有一股怪味，但为了早上多睡会儿，上学更方便，只能先忍了。可不开心的是，我渐渐地发现你的关爱似乎也随着房子面积的减小而变少了——以前在家里，你总让我第一个洗澡，现在你却抢着第一个洗澡，开始我以为你是不开心住小房子，又不好对爸爸发作，便和我闹别扭。可连续好几天都如此，我也有些不乐意了。

那一天“地狱式”的体育课和恼人的试卷，令我疲惫又沮丧。只想一回家就冲把热水澡，放松放松。可你却像没看见一样，又径直走向浴室，我忍不住大吼：“我要先洗！”你先是一愣，转而轻描淡写地答道：“我就是想洗一洗。”然后继续走

向浴室，砰地关上门。接着就是哗哗的流水声。我的心莫名地冰冷起来，妈妈是不爱我了吗？

那天晚上不知是被气的还是考试没考好，我翻来覆去怎么也睡不着，隐约听见客厅里传来你们说话的声音。爸爸问：“你为什么不让孩子先洗澡？”我悄悄凑到门边迫切地想听到你的回答。

“天气转凉了，这房子没暖气，我先洗，可以让浴室里暖和一些。孩子再洗就不会那么冷了。”你小声说着。听到这，我鼻子一酸，眼眶里湿湿的，仿佛一缕温暖的阳光，驱散了我心头的寒意。感动，如莲花的瓣，从心里徐徐绽开，转头向窗外，一片寂静，唯有明月当空。

自那以后，每次洗澡我都会感受到空气的温暖——是你用爱让空气升温一两度，它在我的周围环绕，一点一点地温暖着我。

那根叫温暖的弦，已不知被你拨动了多少次。这一次，你用爱拨动了它，也温暖了我。

本文发表于《大江晚报》2017年12月21日 WBB04版 教育周刊

你用诗句温暖了我

黄尚彬

四季，在寒暑交加中轮回交替；时间，在眨眼间如白驹过隙。每一次风寒雪月，每一次苦难交加，温暖我的，不是牛奶，不是毛衣，而是您在不经意间，写了一篇感人肺腑的诗。

在我上小学时，冬天的一场突如其来的风雪扫荡了整个城市，狂暴的风把刺骨的雪花“呼呼呼”地射在我家的门窗上，老树经不住这等“折腾”，“哗”地一下沉睡在这白茫茫的冰原上。我在屋内静静地看着外面的惨况，似乎害怕风会把我吹走，只是微微地把门开了一条小缝，刹那间，一股寒流挤入屋里，风粗暴地撞开了大门，我吓得连忙把门关上，哆嗦地说：“多么吓人的风呀。”站在身旁的妈妈听见我的话，大步走到门边，拉起我的手，屋门大开，狂风夹着妈妈温暖的话语传到我的耳边：“来，我送你上学。”

我硬着头皮走进了这冰天雪地中，妈妈深情地看着我说：“看！冰雪并不吓人，冬天的门是风雪推开的。”

狂风在耳边呼啸，母亲的话格外温暖，不知不觉中，寒冷离我而去，“春天的门是花儿推开的，夏天的门是烈日推开的，秋天的门是果实推开的，冬天的门是风雪推开的……”说罢，校园渐渐走入了我的眼帘，母亲的话也渐渐完结，连在一起，那就是母亲的诗。

年幼的我并不知道这就是诗，只是觉得这些话如同一股热流、一件外套或一个火炉，使我倍感温暖，于是，每当我上学时，它如同护身符，让我不再畏惧任何困难。

四季的风雪雨旱，学习的高低起伏，人生的悲欢离合，而母亲只在不经意间，用诗、用情、用暖，融化我人生的风雪，为我推开温暖之门。

本文发表于《大江晚报》2017年12月21日 WBB04版 教育周刊

淡妆浓抹总相宜

◇ 邢　殚

我最近在批阅作文时，发现学生在详略得当的组织结构上，掌握得不够好。这不由得让我想起一句古诗“淡妆浓抹总相宜”。我觉得所谓“淡妆”指的是在文中不做强调的部分，笔墨虽少，但是也要涉及，否则文章结构就不完整；所谓“浓抹”就是在文章中，需要突出的部分，一定要浓墨重彩。从这个角度上说，就一定要考虑到详略得当的安排，就是所谓的“总相宜”。

所以我特地选取了几篇写得比较好的作文，做一个评讲。

具体拿刘曦远的《这里也有乐趣》这篇文章来说，从结构上分析：全文五个自然段。首先通过对话开头，开门见山，这是一种比较常用的开篇方式，一般常见于欲扬先抑的表达方式中。其次在第二、三、四自然段，通过叙述展开，将前后的态度变化实现自然过渡，展开对比，重点对“乐趣”进行描述。需要指出的是，第二自然段因为过分强调“自己的”情绪，会加大在第三、四自然段表达“情绪转换”笔墨的渲染力度，要想提升文章的层次就必须考虑在这部分进行优化。第三自然段，我觉得可以是“浓抹”的部分，可以将采摘的内容充实进去。改进的重点在景物描写，不妨按照顺序来，比如由远及近，甚至由实到虚——我想在这部分如果觉得直接写葡萄还是有些“词穷”，不妨试试写写颜色，在色彩的斑驳和光影的变幻中写一种心情，应该和文章也很搭。第四自然段的“汗流浃背”主要是表现收获的喜悦，是对前面两个自然段的升华，但是在文字的处理上却只能“淡妆”。这部分感情流露真实自然，只是我注意到这个词使用了两次。最后，在第五自然段承起全文，通过“美景、美味、采摘、收获”的总结，对全文的收束比较合理，起到了文末点题的作用。

这篇文章从语言特点上来说，书面化语言形式掌握得还是好的，表现在口语的对话上，也能和书面语的描述结合得很流畅，体现了一种朴素美；从修辞上，需要进一步挖掘，为了配合欲扬先抑，应该多尝试使用对比、排比的手法，通过多种角度，来丰富表达的层次、深化表达的效果。当然作为老师，我插一句题外话，要还想给文章增色，可以查找关于葡萄、葡萄园的资料，介绍葡萄的品种、历史等。

另外，施懿的作文，在结构上清晰自然；虞昕璇的作文，细节描写很细腻；程雯的作文，心理描写非常传神，都给我留下了深刻的印象。

但是对照我们对“淡妆浓抹”的结构要求，还可以做得更好。

本文发表于《大江晚报》2018年3月29日 WBA12版 教育周刊

这里也有乐趣

刘曦远

“明天带你去农家乐玩。”“不，我不去。”我声嘶力竭地反抗道。此时我脑子里浮现出杂乱无章、蚊蝇乱飞的景象，一出门必定被虫子咬得满身是包……但还是拗不过妈妈，只好乖乖地坐上了前往农家乐的车。

到了目的地后，我依旧坐在车里，无聊地发着呆，妈妈在车外大声地喊着我，“干吗？”我无力地回应着。“出来呀，走走啊！真的很不错。”“不，外面那么热，把人都晒化了，再说虫子那么多……”我小声地嘀咕着，妈妈拉开车门，将我拽出了车外，“男子汉还怕晒，还怕虫子？”妈妈话还没说完，就在我头上扣了一顶草帽。一边走在乡村田地，一边和妈妈交谈，不一会儿就来到了目的地——葡萄园。

刚进入园区，就被一望无边的葡萄园惊呆了，这么大啊！一阵风吹来，一股淡淡的果香扑面而来，沁人心脾，令人心旷神怡，精神抖擞。再细看，这葡萄藤纵横交错、盘虬卧龙，极其粗壮。叶子也非常茂密，将顶几乎完全封住，留下的只是一片阴凉，任外面太阳毒辣，也被这繁密的“遮阳伞”弄得毫无办法，只能投下些许斑驳的倩影，倩影绵延到远方，就像是大自然为我们铺成的天然的花瓷砖地。极目远望根本望不到头，只能看见左右两边绿色的墙在不断地向前延伸，无穷无尽。再仔细看，绿色里面还有许多长得非常饱满丰润如紫水晶似的葡萄，阳光射在葡萄上，使葡萄上的露珠闪闪发光。每颗葡萄里面似乎都充满了果汁，咬上一口就会飞溅出来……

“哎，还愣着干吗？摘葡萄呀!”“噢，摘葡萄!”我这才缓过神来，拿起工人给的剪刀，一串、两串，从葡萄的顶部很快地将其剪下，轻轻地捧着我的宝贝，慢慢地放在果箱里。我眼睛极力搜索着成熟的葡萄，不一会儿，收获已经装了满满一果箱，这才发现自己已经腰酸背痛、汗流浃背了。出了葡萄园，我便迫不及待地剥开葡萄，将水晶似的果肉放入口中，感到别有一番滋味。这美味的葡萄使汗流浃背的我顿感清爽，炎热早已无影无踪。

这次采摘之行让我真正领略了田园美景，原来田园里也有乐趣，这里有美景的乐趣、美味的乐趣、采摘的乐趣、收获的乐趣，这所有的乐趣使我至今难忘。

本文发表于《大江晚报》2018年3月29日 WBA12版 教育周刊。

醉于冬季

施　懿

如果说春是萌芽，夏是奋斗，秋是收获，那么冬就是永恒；如果说春是童谣，夏是舞蹈，秋是彩画，那么冬就是韵味悠长的诗篇。吟咏着这首冬之诗，我被这首诗深深地陶醉了。

我醉于冬之色。冬就像美丽清纯的天使，她带着一群雪花姑娘悄无声息地来到人间。那洁白无瑕的雪花像柳絮一样，纷纷扬扬，为我们挂起了一幅银白的雪帘。透过雪帘望去，那远处的山川房舍，仿佛在雾中，又似在云里，十分美丽。雪停了，房顶上、树枝上、花坛上、地面上，都盖上了一床厚厚的白棉被，万里江山顿时变成了一个粉妆玉砌的皑皑世界。

瞧，那暗灰的房檐上，一条条“项链”闪闪发亮；那墨绿的松柏树上，一朵朵“梨花”开得正艳；那圆形的花坛里，一朵朵红梅戴着白帽，显得妩媚动人。我被这冬之色深深陶醉了。

我醉于冬之声。狂风肆虐，枯枝依然站立不倒；雪花飘舞，梅花依旧灿烂开放；冰凌遍地，士兵依然坚守岗位。我分明听到一切都在大声高歌：不经历风雨，怎能见彩虹？我被这冬之声深深陶醉了。

我醉于冬之味。太阳出来了，照在人身上暖暖的。花盆里的蜡梅花迎着太阳微笑，清香四溢。家家户户的阳台上、院子里都晒满了被子，我家也不例外。趴在被子上，嗅着阳光的味道，真爽！快过年了，大家都在准备着丰盛的年夜饭。电饭煲里煮着、蒸着，微波炉里烧着、烤着，油锅里煎着、炸着，香味阵阵。我被这冬之味深深陶醉了。

冬真是一首让我陶醉的诗，诗句中点染着清纯之色，诗句中渗透着坚强之音、浓郁的香味。我反复吟咏着，仿佛灵魂也被净化了。

本文发表于《大江晚报》2018年3月29日 WBA12版 教育周刊。

幽幽花香　浓浓亲情

虞昕璇

不经意的瞬间，瑟瑟的寒风已经夹裹着晶莹的雪花，轻悠悠地在空中旋转着，枯黄的树叶被风戏弄着，打着卷儿，最后颤巍巍地落在冰凉的小水塘里。我孤独无助地撑着伞失落地伫立在水塘边，水中仍有悲凉的涟漪一圈圈地荡漾开来，我用冰凉的手揉了揉发红的眼圈。

肩头的书包很轻但又很重，空荡的书包里躺着一张画满红“×”的试卷。腿重得提不起来，刚迈入家门，妈妈的声音便传入我的耳朵，“试卷发了吗？”我垂着头应了一声，妈妈停下手中的琐事，焦急地拿起我的试卷。

我不敢抬头望着妈妈的眼睛，妈妈无奈地叹了一口气，教训了我一句，便仔细地为我讲解起题目，昏黄的灯光下是妈妈与我的身影……夜渐渐深了，试卷的讲解也渐渐接近尾声。妈妈的一缕头发飘落到额前，几根白发显得格外惹眼。时间马不停蹄地向前奔跑着，最后一题也画上了句号。

妈妈起身打开窗户，窗外的蜡梅花香充盈了整个房间，妈妈喃喃道：“冬天到啦……”我在心里说：“春天也不远了。”在这氤氲的空气里，温湿的水汽沾湿了我的睫毛，化成一颗珍珠捧在手心，是深深的母女情意。

本文发表于《大江晚报》2018年3月29日 WBA12版 教育周刊。

让我温暖的笑容

程　雯

温暖，是人与人之间最纯真的关心和爱护。曾几何时，有一抹如冬日暖阳、夏中清凉的笑容，直直地滋润着我的心田，给予我温暖与力量。

那是个万物仿佛散发着燥气的夏日清晨，我如一片残叶，迷失在万千人海之中。那是我钢琴的第一次考级，彼时的我尚且年幼，不过四五岁年纪。看到如此多的人焦急地等待，耳边是缭杂刺耳的器乐演奏声，身旁又无父母的陪伴，我的内心急躁不已，就如同八月酷暑的天气，阳光总是那么灼热，我的手心不自觉地冒起一层薄汗。

“到了，快到了！”我的内心不断呐喊着。听着工作人员面无表情地报着一个个冰冷无情的字眼，看见许多熟悉的伙伴被领进一间考级的小屋子，随之出来的有些考生竟无法忍耐地痛哭出声，我的紧张与害怕被层层渲染。我只好默默回想着考级曲目中的一首抒情曲，想要安抚自己慌乱的内心。

然而，当我真正走入考场时，庄重肃穆的气氛和单调死板的白色墙壁再次刺激到我，我紧张不安起来。我浑身战栗着，走向正襟危坐的考官，行了一个尴尬死板的鞠躬礼。这时，仿佛有人看出我的慌乱与无措，一个轻柔的声音划破这严肃的气氛。

“小姑娘，别害怕呀，放轻松！”

我蓦地一抬头，便撞见她充满笑意的眼神。她的目光如同碧波一般澄澈，洋溢着淡淡的美好。她的笑容犹如一朵半开的花儿，恬静而又安宁，不张扬，却也不含羞带怯，散发着淡淡的清香。或许，这就是天使的微笑吧，纯净而又美好。让人如沐春风，给予我温暖与力量。

我恢复了自信与希望，缓步来到琴凳前坐下，奏出了一曲悠扬悦耳的乐曲。

那次，我得到了一张大大的优秀证书，我十分喜悦与自豪。同时，也难忘那一抹微笑，滋润我的心田，给予我力量。

本文发表于《大江晚报》2018年3月29日 WBA12版 教育周刊。

追随心灵的脚步

◇ 邢　殚

当我还是学生时，常听我的老师说，“读书破万卷，下笔如有神。”现在我也苦口婆心地对我的学生讲，“只有博览群书，把书读透，这样落实到笔下，运用起来就会得心应手。”我甚至还记得我的老师为了进一步说明这个意思，还把“熟读唐诗三百首，不会作诗也会吟”时常挂在嘴边。直到今天，我也成了老师，我也常用这样的话去提醒我的学生，还包括我的孩子。

从唯物论来说，人的认识过程是一个螺旋上升的过程。作为一名资深的语文教育工作者，我认为在实际的学习过程中，不仅要读，更要学会总结，及时归纳整理阅读体会，这样一方面可以进一步提高自己的阅读能力，另一方面也积累了在阅读过程中的理解和感悟。从大处说，甚至可以拓展人生思维的深度和广度；从小处说，寥寥几句文字也可成就一篇简短的读后感，为自己留下记忆的痕迹。

记得我还是学生的时候，也曾偷偷地喜欢看琼瑶阿姨的小说，那一篇篇文字优美的言情小说，让我放飞在那一个个风花雪月的情节里，被书中的主人翁牵扯着神经，为他们哭，为他们笑……如今的我偶尔也会像一个含羞的少女，独自去翻阅那一句句写在书角的心灵感悟，瞬间就能穿越到那个遥远的青涩的青春年华。

现在，作为语文老师的我去阅读我学生的感悟，觉得有些惭愧，在他们这样的年纪，我做得不如我的学生。“三人行，必有我师。”从某种意义上说，我也是一名学生。

尽管世事繁杂，庆幸的是，在柴米油盐中，我仍然能不忘初心地追求梦想；在笔墨纸砚中，我可以心怀坦然地追忆过往；在嬉笑怒骂中，我依旧虔诚淡定地踏实前行。全因在岁月的穿梭中，我坚持用文字记录属于自己心灵的脚步，那是对岁月的记忆，那是对梦想的描绘，那更是对自我的激励。

今天，我要让我的学生传承下去。

让感悟在笔尖流淌，让激扬的青春追随心灵的脚步，不负时代，不负自我。

本文发表于《大江晚报》2018年6月27日 WBA11版 教育周刊。

让“中国梦”飞扬

黄尚彬

推翻“吃人”的旧社会，扔下“吃人”的封建礼教，迎来我们的光明之春！

每当我翻开《家》那厚重的封面，书中的故事都会让我的心震撼许久。

这本书以一个旧社会的地主家庭为背景，用觉民、觉慧的奋斗与斗争为刀枪，描绘出那残酷的旧社会和那艰苦卓绝的革命斗争岁月。

黑，还是死一般的黑。当觉慧悄悄爱上一个婢女时，旧社会的厚厚夜幕便无情地淹没了这段爱情。一个个娇滴滴的太太倚在一张张鸦片床上，一辈子不准备起来的老爷用阴谋诡计来折磨觉慧爱上的婢女，当她听到自己的美好年华竟要让别人来糟蹋时，她选择了尊严。“噗咚”……觉慧孤守着江边，欲哭无泪，她投江了。旧社会的封建思想深深地吞没了老爷、太太那仅存的人性，也许他们年少时也有过梦想，也许他们也是黑暗社会的可怜的受害者，可是旧社会是“吃人”的。旧的中国在昏睡，他需要觉民、觉慧和我们所有中国人来唤醒，而新的中国需要你、我、他来奋斗，来实现我们的“中国梦”！

白，真是天地间那刺眼的雪白，刺瞎了旧社会，照亮觉慧那光荣之路、革命之路。他竟没有被旧社会“吃了”，老爷和太太吓得从椅子上滚了下来，如此狼狈，瞎了还在装看得见！觉慧前脚刚跨出家门，后脚就不准备再踏入了，觉民看着他弟弟坚毅的步伐，啊！革命的红在他心中如莲花般一片片火热地绽放。“哗”！这一声是荣耀革命的号叫，这一声是晨曦的第一声鸡鸣，划过封建的黑暗，扔下“吃人”的旧社会。旧社会如一只饿狼，吞没了一代人，可是觉慧却用超人般的毅力和坚如磐石般的革命精神来战胜一切，中国母亲有像他一样的革命家，怎么能不觉醒呢？“中国梦”开始破蛹。

作为新中国的儿女，我们就应该像觉民、觉慧一样，不怕任何困难险阻，不断革新，持之以恒地提高自身素质和能力，用惊人的毅力，让“中国梦”飞扬！

本文发表于《大江晚报》2018年6月27日 WBA11版 教育周刊。

青青子衿 悠悠我心

程芃岳

“青青子衿，悠悠我心。纵我不往，子宁不嗣音？”我想，用这句话来描绘贾宝玉、林黛玉二人的爱情，最合适不过了。

多少次翻开《红楼梦》，宝黛二人的爱情都给我的心灵一次次震撼，读到最深处，不禁泪如雨下……

前一世，那一株绛珠草，那一位神瑛侍者，浇灌之情，用今生的泪来还。这便注定了红楼的悲剧，宝黛的悲剧。也许，在那个时代，这是一个时代的悲剧。可叹，终是木石前盟未及金玉良缘。大观园犹在，可那园中人又在哪儿呢？

我犹记得，在宝玉读《西厢记》时，黛玉见到，同他共读；我犹记得，二人初见的场景。可转眼之间又成了一面是宝玉大婚，一面是黛玉焚稿，这极喜与极悲交错的场面。黛玉那未说完的一句“宝玉，你好……”那是怨吗？是叹惋吗？是临终时对心上人的祝福吗？也许，正是这未完的一句，引发了读者的无限遐想，也为宝黛的爱情更添一份悲剧色彩。

黛玉与宝玉相比于《红楼梦》中形形色色的人物，是天真且纯洁的，没有宝钗的世故，也没有王熙凤的精于算计。他们背弃那个时代的封建礼教，想要挣脱世俗的枷锁，其他人不理解他们，给他们的是嘲笑和讽刺。而作者写《红楼梦》时，不也正是不被人理解，不为人接受吗？也许，宝黛二人正是他精神思想的寄托。他赞美这种反抗精神，也拥有这种反叛精神，但在那个时代，只能低头，只能屈服，一人之力抵不过一个社会，抵不上一个时代，这也正是红楼的悲剧，却也恰恰为其魅力所在。

红楼之中几百人，形形色色，个个都是形象鲜明、跃然纸上，或是单纯封建礼教的附庸，或是精于算计、懂得世故，或是背弃礼教，知世故而不世故……作者用其富有感染力的文字描绘着众生群像。我记得有位学者说过，《红楼梦》在当时不会被理解，五十年后才有读者。如今，《红楼梦》经历岁月的洗礼历久弥新、久而弥笃，究其原因，不单是“魅力”二字可以概括的，其思想内涵更是为世人所津津乐道。

本文发表于《大江晚报》2018年6月27日 WBA11版 教育周刊。

人生的格局

◇ 邢　弹

就在我快要报到参加工作的时候，在车上，我的“人生启蒙老师”看到了我一脸的茫然。说实话，我对我一眼见底的前途还是有点儿缺乏信心。我当时想的是，我的一辈子将和这样的三尺讲台为伴，我有些不甘。但是以我对生活的理解，又实在无法准确地表达出内心的那种迷茫。老师对我说：“人生的起点不重要，重要的是你前进的道路有多广阔！”这句话，我一直没敢忘记。虽然时间流逝，我再也没有机会和老师在一起坐而论道，但是他给我的影响力从未减弱过，他是我生命中照亮我前进道路的人，每当我困惑彷徨的时候，我都会静下心来回味他的话。虽然我们面对的都是一样的柴米油盐、酸甜苦辣，但是每个人不同的解决方法就会成就不一样的人生风景。这就是人生的格局。

改作业的时候，我偶尔也会开小差，我在想人活着究竟是为什么呢？大多数人也许会说“为了挣钱！”可是，这显然不是人生的全部！因为这个“伪命题”太好破解了——假如有了钱，人生就圆满了吗？想当年，第一时间富起来的人，有多少人直到现在还是富裕者？我的回答是：“以所学奉献社会，来获得社会的尊重和回报。”虽然算不上多么崇高，但这就是我的格局。

这次的作文题，恰恰就是这样的一次感悟。虽然在孩子们的笔下，显然还是缺乏高度，但是朴实、真情流露的文字，还是让我大开眼界。如彩虹、如画，如美食、如茶，都各有千秋。最重要的是，都是有感而发。尤其是“生活如茶”的感悟，大约是许多人到中年的人都无法顾及的灵犀一瞥。

我在最近讲解古文的时候，尤其提到“阡陌纵横”中“纵横”的原意，就是指田埂交错如同一个个“井”字。我想，在漫漫人生中，能够一笔一画地规划人生，做到“心中有路”，踏实走好人生的每一步，未尝不是人生最完美的格局。

本文发表于《大江晚报》2018年7月4日 WBA11版 教育周刊。

生活如彩虹

李希然

生活，就像是一道彩虹，充满了七彩色，红橙黄绿蓝靛紫，其中的喜怒哀乐也如打翻的五味瓶，渗透我的心田。它是不平凡的，也是平凡的；是跌宕起伏的，也是平静安宁的。品位生活，架起一座彩虹桥。

暖暖的橙色

又是一个炎热的午后，又是一堂体育课。

同学们在操场上卖力地跑着，豆大的汗珠从额头上滚落，滑下脸颊，落在了地上，立刻就变成了蒸汽，伴随着“嗞嗞”声消失在大地上。回到教室的我们，最想做的事情就是抱着水壶狂饮一阵，以补充身体的水分。

“都渴了吧，我给你们送来了水，赶紧喝吧！”班主任站在门口，那灿烂的笑颜和亲切的话语瞬间落在我们干涸的心田上，立刻化成了一片冰雪融水，流经同学们的全身。

生活如老师灿烂的笑颜，是暖暖的橙色。

清新的绿色

假日中，回到离别已久的外婆家，享受着悠闲的清凉。

外婆招呼我到她的菜园里看看，我的眼前突然一亮：大片大片的油菜，组成一个个小方阵，在微风中扭起腰肢，晃一晃，眼中是一片片金黄。旁边是一棵棵柿树，青绿的叶子像洒上了一层油，被阳光照得锃亮。爬上架的丝瓜、葡萄藤，也都争先恐后一个劲儿地往上蹿。心中一阵抖动，情愫都聚拢成一个团。

生活如外婆的菜园，是清新的绿色。

神秘的紫色

天空阴沉，似乎压到我的头顶。

上课了，我看着窗外乌云密布的天空，心中一颤。

顷刻间，豆大的雨点啪啪地砸了下来，落在草丛里、房顶上、马路旁。放学的铃声在头顶炸响，我只好与同学们大踏步地往家的方向冲去。近了，更近了……没听妈妈的话带把伞，淋成落汤鸡的我，懊恼至极。

生活如乌云密布的天空，是神秘的紫色。

生活是彩色的，品位生活，为成长架起一座美丽的彩虹桥。生活如七色的阳光，照耀我的青春，让我的青春精彩绽放！

本文发表于《大江晚报》2018年7月4日 WBA11版 教育周刊。

生活如茶

励雨晏

生活如茶，经得起滚水的沸煮，经得起风霜，也经得起平静。岁月静好，方闻氤氲茶香。

我是一株茶树，春天的我有这两片油亮的叶子，绿得发亮，贪婪地吮吸着甘露，静静地看着日出日落，看着云卷云舒。

在我的身体日渐充盈之际，一只白净的素手将我轻轻地摘下，与万千伙伴们一同进入了那只小小的竹筐。我要被送进茶坊里去了，我兴奋地想。可是接下来地狱般的痛苦便接踵而至。

我被放到盛夏毒辣的阳光里去，火一般的热灼伤了我细嫩的面颊，我渐渐卷曲，油亮的身躯变得苍老而发黑，蜷成干巴巴的一团。

我被送进一户人家里，那是一个老人，他用苍老的手拿起我，迅速地将我扔进沸水之中。疼痛一下子席卷而来，灼痛感疯狂地席卷了我的身体——我几乎要昏倒。这时，那老人的声音在耳边响起："生活如茶，要经得起沸水煮啊！"是啊，茶的使命，便是经受沸煮。我愤怒了，我吼叫着，我拼命舒展着身体，炙热一次次向我袭来，我无畏地迎接它们的考验。让暴风雨来得更猛烈些吧！像海燕搏击风浪，像新蚕羽化成蝶！忽地，一抹淡淡的茶香若有若无地飘来……时间静静地过去，我闻到了杯中氤氲的带着茶香的气息，渐渐地，浓郁的茶香充斥着整个屋子——我看到老人恬静地笑了。我知道我成功了，生活如茶，我战胜了暴晒与翻煮。我成功了，我收获了生活赐予我的幸福。

人生是一杯清茶，经过痛苦的磨砺方能收获宁静的幸福。

本文发表于《大江晚报》2018年7月4日 WBA11版 教育周刊。

生活如美食

王　萌

散发着淡淡香草味的试卷，夹杂着巧克力酱的方块字体……生活不正如美食一般难以忘怀吗？

蛋炒饭——可口温馨

泛着微光的鸡蛋配上白嫩的米饭，迸发出诱人松软的香气，我吃上一大口，蛋黄的清香与葱花的细嫩交错杂织，简单的食材也能变为人间佳肴。妈妈看到我满足而又眷恋的眼神，便欣慰地将书包递给我，我赶紧背上书包走在上学的路上，蛋炒饭的余香还留在唇齿中。

矿泉水——甘甜清凉

班主任将矿泉水送到班级时，将早已陷入炙热太阳怀抱中的我们拯救回来，我迫不及待地喝一口，矿泉水的清凉便溢满全身，“咕咚咕咚”几口下肚，如清风吹拂过早春的香樟树，如细雨洒过干旱的沙漠，水的清凉流经全身，心中有着说不出的感激与喜悦。

可口面包——松软温柔

正伏在桌旁刷题的我肚子“咕咕”一叫，早早吃完饭的我又感到一阵饥饿，“饿了吧，先吃一个吧。”妈妈温和的声音传到耳畔中，顺手递给我一个红豆面包，我忙不迭地拿过吃了一口，一时间空气中氤氲着浓郁的香气，我因刷题而产生的烦困早已随着面包香一起咽入腹中。

这绚烂夺目的生活，不正和美食一样令人留恋吗？也正是这美食一般的生活，才让我有了前进的动力，勇敢向前，一路高歌！

本文发表于《大江晚报》2018年7月4日 WBA11版 教育周刊。

生活如画

张　榆

生活的色彩斑斓，是生命所赋予的；生活的波澜起伏，是生命所见证的。生活如画，我们浸在画中，挥洒着笔墨，在淡妆浓抹中，编织简单的小幸福。

一抹山水

生活如一张泛着清幽墨香的山水画，虽平淡却饱含诗意。

闲暇时光，和家人一起外出游历山水。车窗外，连绵不绝的风景匍匐在脚下，风呼啸着向你朝拜，树木自由自在地呼吸，山泉皆作娇儿之态，让人如入仙境，身心了无杂尘。四面高山皆沐浴在深不可测、远不见底的雾气里，氤氲的水汽好像要洗净都市人千疮百孔的心。吸气、呼气，胸中顷刻涌上一股清凉，陡觉轻快。

屹于石间，回想起自己的生活，如同淡淡水墨，在平凡中知足常乐，便也豁然开朗。

一笔油彩

生活如一卷色彩丰富的油画，大胆张扬中蕴藏的是青春的无畏。

一次合作设计比赛，同组的女生并不是熟悉的人，一开工，毫无默契可言。眼瞧着进度落下大半，一股不甘心汹涌咆哮着向我涌来，斗志如熊熊烈火肆虐席卷我的心，将焦躁不安化为灰烬。我执起工具，拍了拍那女孩的肩，一刹那的坚定在眼波间流转，顾盼生辉，隔阂转瞬便分崩离析，我们又尝试着合作起来。

我们偶有分歧，偶有矛盾，却很快化解。我们各自都全身心地投入创作中，发挥富有想象力的激情，任何炽热的火焰都比不上两个人心中共同堆积起的友谊之情。

终于完成了！看着桌上精致的成品，两个人相视一笑，眉目间飞扬着青春的靓丽色彩，这是这个阶段的我们才有的模样，如意气风发的油画，只需一眼，就叫人刻骨铭心。

一幅素描

生活如一幅深浅起伏的素描，勾勒出世间百态。

一口粗茶、一碗淡饭，足矣。在温暖的下午，捧上一本喜爱的书，就着和煦的阳光，细细品味，便觉得全身涌上阵阵暖流，思绪不自觉地随着书中人物跳脱，感观、视角全变成他的，眼前是截然不同的世界。沉浸其中，连时间流逝也浑然不觉了。看朝升暮起，伴云卷云舒，这样的生活何等惬意！

我们的生活需要这样的沉静。如婴儿呱呱坠地，如甘露重回大地，时常保持一颗赤子之心，坚定不移地朝着目标前进，人生便如白纸上的素描，一笔一画逐渐勾勒成形。

是的，纵使生活再精彩炫目，也需要沉淀。正如素描是所有绘画的基础，打好底子，才能进一步学习山水、学习油彩，才能散发活力，从而演绎经典。回归本质，回归原始，一幅崭新的生活画卷便在你手中徐徐展开，等待你自信起笔，描绘属于自己的美丽人生。

生活如画，画如人生！

本文发表于《大江晚报》2018年7月11日 WBA12版 教育周刊。

写有温度的作文

◇ 邢　殚

昨天，我让我的学生“堵”在了办公室。关于他的作文，他竭尽全力地向我解释他设计的结构和技巧，连额头上暴起的青春痘都在认真地向我传达着他对我的“不满”。为了让我“妥协”，他甚至差点儿哭起来。面对这一团火，我不敢轻易将其熄灭。我期待他冷静下来之后专注于他的作文，而不是我的评分。

我不止一次碰到这样的学生，我佩服他们，甚至鼓励他们来和我探讨。但是我坚持一点，他们跃然纸上的文字是任人评说的，而不是需要他们解释后才能让人看懂的。他们写的文字不仅要感动自己，更要能传递温度。这就是我所要说的——要学会写有温度的作文。

有温度，体现在语言上。大多数学生习惯将口语化的文字运用到作文中。完全口语化的作文，读来会让人倍感亲切，但是也有缺憾。对大多数学生来说，在将口语化的文字修改成书面语言的过程中，就自然而然地形成了自己的语言风格。经过不断修改、提炼，很容易将自己的思想感情通过文章传递出来。教学经验告诉我，必须让学生养成修改自己作文的习惯，这样才能传递作文语言的温度。904班汪思航的作文在语言上就显现出明快的特点。

有温度，体现在结构上。为了让阅读者感同身受，学生必须学会从作文的源头进行结构的设计，体现一种明朗渐进的逻辑、曲径通幽的情境，让阅读者可以感受到作文结构的温度。为了增强这种阅读感，学生在写作文时需要变化角度来阐述自己的感受，不能一个口吻说到底。904班赵思雅和黎文琪的作文在结构设计上就显得很自然。

有温度，体现在思维上。所谓“文以载道”，意思是说“文”像车，“道”像车上所载之货物，通过车的运载，可以到达目的地。翻译成现代文，就是说写文章是为了说明道理的。要想说明道理必定需要表达思维，而表达思维需要不断地提炼和升华，这样才能有深度。

本文发表于《大江晚报》2019年3月7日 WBB4版 作文。

永远的歌声

汪思航

“一加一加一加一等于几?”

“这个问题我要好好算算。”

“那一棵树加一棵树加一棵树呢?”

“就是一片森林啊!”

“森林美吗?”

“美!”

“那哪里有森林呢?”

这是环球资讯广播中一对父女的一段对话，这段对话让我突然想起那年过年我和爸爸回老家时听到的“自然之歌”。

我的老家在农村，自然风光特别美。一个阳光明媚的下午，爸爸说要带我去后山感受“自然之气”，这可把我乐坏了。作为一个在高楼林立的城市里长大的女孩，总想看看童话故事里小红帽走过的森林，听听夜莺动人的歌声。

满怀着好心情，我和爸爸走进后山，在遮天蔽日的树林里，我们仿佛被包裹了起来，周围一片寂静，越往里走越感到阴冷，我双手紧抓着爸爸温暖的大手，可还是有点害怕。

忽然，几声悦耳的鸣叫打破了令人害怕的宁静。虽然光线阴暗，但我仍然能看见树叶在颤动，一只小鸟在枝头跳动着，“是童话故事里的小鸟在唱歌吗？啊！一定是这样的。”活在童话世界的我天真地叫了起来。

“嘘！别吵！那是一只小鸟在求偶呢！一会儿你就能看到另一只小鸟飞过来陪它。”爸爸轻声地对我说。果不其然，没过多久，另一只小鸟循着歌声飞过来，从我们眼前划过一道美丽的弧线，又迅速地钻进树林中。不一会儿，两只小鸟相遇了，那歌声更加欢快、更加嘹亮了……先前我心中的害怕烟消云散，只剩下喜悦和享受了。

后来的几年，过年回老家，我总要去后山，只为探寻那动听的“自然之歌”。可是那原本可以将光线遮挡的树越来越少了，太阳从孤零零的树中间直射到地面，显得有些失落。我又抱着些许期待，往树林更深处走去，周边嘈杂的噪音不少，遗憾的是，很难听到那年动听的歌声了。

本文发表于《大江晚报》2019年3月7日 WBB4版 作文。

永远的歌声

赵思雅

韶华易逝。青春的美丽恰恰在于它的短暂，须臾之间，却留下永远的歌声。——题记

春天来了。正值青春的我们在鸟语花香的春日里，如昙花一般，汲取了灿烂的阳光和甘甜的雨露，绚丽地绽开。突然想起去年的春天，当时我们紧锣密鼓地筹备着艺术节，如今成为弥足珍贵的记忆。

我们班艺术节选送的节目是一首歌曲配以器乐演奏。虽然我没有参加演出，却目睹了参加演出的同学辛苦而紧张的排练过程。那段时间，这些同学每天中午顶着袭来的倦意去音乐教室排练，每天放学后拖着饥饿的身躯用心演奏每一个音符。

终于，在满怀期待中，艺术节迈着轻盈的步伐款款而来，我心情激动地等待着艺术节拉开帷幕。在一片掌声中，我们班参与演出的同学登场了！身着统一服装的他们自信地走上舞台，对着观众深深地鞠了一躬，随后开始表演精心准备了一个月的曲目——电影《泰坦尼克号》的主题曲《我心永恒》。

曼妙的琴声在偌大的会场上飞扬。这是一首经典的曲目，经过改编，焕发出别样的神韵。架子鼓的鼓点苍劲有力，连击的鼓点似汹涌的海浪把气氛推向高潮，演奏的同学们纷纷举起一只手，握成拳头，举向空中，似乎象征着青春的力量和拼搏精神。那一瞬间，站在后台的我竟不知不觉湿了双眼。这时主唱展开歌喉开始演唱，她的歌声里没有悲伤和绝望，而是充满朝气和阳光。小提琴琴声激越悠扬，像来自远山的呼唤不绝于耳；钢琴琴声沉稳而温柔，像一位老人娓娓诉说着自己的过往。在这歌声里，我仿佛看到“泰坦尼克号”披着金色的霞光，在波光粼粼的海面上，驶向光明的未来……

那天，我们致敬经典，在经典中放飞青春，留下了历久弥新的歌声。那是永远的歌声，即使韶华逝去，但那个最美年华里的记忆却将永存……

本文发表于《大江晚报》2019年3月7日 WBB4版 作文。

永远的歌声

黎文琪

这里还是老样子，一湖水、一座亭、一株柳。

是的，我好像总是如约而至。我找到那块石板，慢慢坐下，一切好像都是老样子，只是少了一个人，只留下歌声依旧萦绕在耳边。

曾记否？那时的你我都还小，小到可以肩并肩坐在一块石板上。那时的你是那样的出类拔萃，而我是那样的不起眼。记得那时新开的课程是英语，你仿佛闭着眼睛做题才能在考试时收获一堆让我眼花缭乱的“×”，再看看我的成绩，惨不忍睹。

我曾经羡慕过你、嫉妒过你，还恨过你，渐渐地，我开始疏远你。

记得一天下午，我望着作业本上的“×”发呆，正想着如何应付即将到来的考试时，你来了，你好像特别兴奋，拉起我就跑。你把我带到一个地方，那里的景象和现在一样，依旧是一湖水、一座亭、一株柳，只是身后的柳树好像略小一点。我吃惊地看着眼前的美景，夕阳西下，细碎的阳光洒在湖面上，如同给湖水镀了一层金。微风轻拂、鸟嘶虫鸣，一切都那么美好、和谐。我贪婪地呼吸着新鲜空气，停止了嘴上的喋喋不休。你当时和我说什么我没有听清，只是“嗯嗯啊啊”地敷衍着，后来我才知道，你是要给我补习英语。我本是不情愿的，可是看着你认真的模样，我只好答应了。

果真如我所料，补习英语的过程并不是那么轻松。你太了解我了，在你的眼皮底下走神，实在是比登天还难的事。你为了鼓励我，答应在每次补课之后，都给我唱首歌。你的歌声犹如一泓清泉，静静地流进我的心田；犹如一阵清风，轻轻地拨动我的心弦；犹如一缕阳光，密密地照进我的心窝。

在你的帮助下，我成了班级里进步最大的学生。

后来，你走了，你的家搬到了一个遥远的地方，留给我的只有你那封存在我的记忆中的永远的歌声。

一缕阳光轻抚我的脸颊，恍惚中，我仿佛又看见几年前你我在一起的情景，你唱歌给我听，我陶醉着，随着最后一个音符落下，你笑了，我也笑了。

本文发表于《大江晚报》2019年3月7日 WBB4版 作文。

永远的歌声

励雨晏

大漠风沙，凄星冷月，一队人马行走于滚滚黄沙间。悠悠驼铃，黑水河畔，你一回眸，留下一曲《琵琶行》，久久回荡在大漠上空，历史也难以忘却你那永远的歌声。——题记

你是山清水秀的秭归的女儿，白皙的肌肤、秋水般的眸子是家乡对你的馈赠，你深爱这片土地，可一道圣旨下达，你不得不去长安。你不舍却又无奈，你怀抱心爱的琵琶，唱着眷恋的歌，坐上马车渐行渐远。

从山清水秀的秭归到达灯红酒绿的长安，正是“洛阳三月花如锦”的天气，可

谁知那繁花似锦之下埋藏着利欲熏心。看到无数秀女为讨好画师而纷纷献出金簪银饰，你坚守本心，于是画师在你的画像上轻轻添了一个致命的污点。你被投进清冷的后宫，后宫冰冷，世事无情，你犹抱琵琶，枯对孤灯，暗自吞泪，但你从不后悔你的选择，你唱得正气凛然。

终有一日，匈奴前来求亲。谁不知匈奴之境苦寒？后宫秀女纷纷敬而远之，你却毅然挺身而出。你出发的那天粉妆玉饰、光彩照人，皇帝大惊，欲挽留，可是你去意已决。

匈奴之境苦寒无比，大漠风霜打在你娇嫩的脸上，你手握琵琶，唱着一首永远的歌，歌声、乐声萦绕在大漠上空。“杨柳依依，桃花灼灼”，唱的是你对家乡的思念和热爱；“漠漠长野，浩浩江洋。吾儿去矣，不知何方……”唱的是你远离家乡的悲鸣。可即使不舍，你的歌声却一路毅然向前。黑水河畔，你回眸远眺繁华的长安，一曲《琵琶行》响遏行云！你无怨无悔。你爱家乡，更爱祖国，所以你愿意远嫁，换取家乡的和平和祖国的繁荣。你的歌声勇敢，你的歌声坚毅，你的歌声伟大！你心系的是祖国和人民，你无畏地唱着这首永远的歌，坚毅勇敢地向前行。你做到了，你用和亲结束了汉与匈奴两百多年的战争，换来了六十年之久和平盛世。

你——王昭君，你的坚毅来自你一颗纯洁的心，你的歌声与你的心一样通透而有力。黑水河畔，你的一曲《琵琶行》响彻大漠，顺着悠悠驼铃，穿过历史长河，这歌声比愚公移山更坚毅，比精卫填海更感人，比开天辟地更伟岸！

我们将铭记你永远的歌声。

本文发表于《大江晚报》2019年3月28日 WBB4版 作文。

我们一起走过

◇ 邢　殚

时光如逆旅，你我皆行人。还好，一路走过，总有人与我们相伴。那些陪伴过我们的人，那些鼓励过我们的人，那些见证了我们喜怒哀乐和成长的人……他们或是良师益友，或是同窗好友，或是我们的亲人。一路走过，幸好有你！

光阴的小河

王　萌

时光流淌过名叫光阴的小河，撕下最后一张日历，这一年终于抵达了尽头。悄然回首，过往的羊肠小道上留下了或浅或深的脚印，而那脚印，不正是我们一起走过的春秋吗？我们一起走过成长的路，留下了岁月的痕迹。

走过师生之路。烈日灼心，天空中挂着几朵肥胖的白云，我们汗如雨下，瘫坐在椅子上大口喘气，不停地用纸擦拭着断了线的汗珠。我口干舌燥，面前是空空的水杯，心里正发慌，这后面几节课怎么熬。下一秒，只见班主任抱着一箱矿泉水，一改平时的严肃，微笑着对我们说："你们上完体育课渴坏了吧，给，解解暑。"说完发给我们一人一瓶，我赶紧喝上一大口，这感觉如早春拂过碧绿的香樟叶，如干枯的沙漠中出现一汪清泉般舒服。

这小小的一瓶矿泉水浇灌了我们师生道路中闭合的小花，娇艳的花儿迎着风微笑，成长的道路上，从来就不是我一人孤军奋战，我和老师一起走过这师生之路，并肩前行。

走过亲情之路。残阳如血，落日余晖。大落地窗前，我像一只猫蜷卧在沙发一角看书，爸爸轻啜着乌龙茶，手捧《水浒传》坐在我旁边，妈妈在忙着做晚饭，一边说"再等会儿"，一边在厨房里忙碌着。我和爸爸相顾无言，因为我们都知道，这亲情之路，无须太多言语，空气中氤氲着甜甜的爱的滋味，我们三个人手牵手，在亲情的道路上尽情享受着爱的温暖。

走过友情之路。狂风大作，大雨奔涌，我看着眼前乌泱泱的人群，再看看自己空空如也的手，内心焦急，像热锅上的蚂蚁。这时映入眼帘的是一把墨绿色的伞和一个笑盈盈的脸庞，原来是同桌，她莞尔一笑说："走，我送你。"我回报她以微笑，她揽过我，我笑着点点头和她并肩走着，在这场风雨里我和她一起走过友谊之路，在友谊之路上播下爱的种子。

芳草葳蕤，花朵娇艳欲滴，慵懒的阳光洒在道路两侧，我背着书包走在路上，我抬头看向天空，白云笑得天真，蔚蓝的天空如婴儿般纯真，我知道在成长的旅途中，我们必受岁月的磨砺，但是我们携起手来，一起走过师生之路、亲情之路、友谊之路，播撒爱的种子，必会收获爱的果实，享受生活的纯真与美好。

本文发表于《大江晚报》2019年8月29日 WBB4版 作文。

走过15岁

汪思航

春去秋又来，我们一起走过；燕子飞去又飞回，我们一起走过；林花谢了春红，我们一起走过。如今的你已经不再年轻，15岁我们一起走过，时光褪去了我的稚嫩，也褪去了你头发的黑。一切都在变，唯有你对我的爱一成不变。

5岁

进入初冬，刀子般锋利的风刮着我身上每一寸皮肤，疼得我直流眼泪，躲回房间不愿去上学。你轻轻地推开房门，走进来，把倔强的我往外拉，毫不留情，看似狠心，小小的我当然不懂。你想让我学会坚强，在风中，你陪着我慢慢走，看着我哆嗦的身体，你把自己的围巾、帽子给我套上。在这熟悉的路上，与熟悉的你一起走过，却第一次发现了这陌生的伟大。

10岁

早晨，我在镜前刷牙，你在一旁为我灌水，水声叮当。一不留意看到你微皱的细眉，满是柔情；一不留意发现你的眼角抽出了细纹，满是为我操劳的痕迹；一不留意看到你黑发中夹杂的银丝。这残忍的岁月洗去了你发的黑，空留着凄冷的白。嘴里的泡沫在发酵，生出丝丝的甜味，从你手中接过水杯，喝一口漱一会儿，再吐出，我感受到了幸福与有你相伴的温暖。十年的每个早晨我们都这样一起走过。

15岁

中考在即，课程的增加、作业的增多，让我无所适从，每个奋斗的夜晚你总会在一旁陪伴，当我抓耳挠腮想不出答案时，你就会拍拍我的肩，让我放轻松不要紧张；当我困倦想睡觉时，你会递上一个剥好的橘子，让我放松身心打起精神，继续战斗。回头看看你已经睡着了，丝丝寒风从窗缝挤进，我起身为你盖上一床被子，关上窗户，抬头一望，月亮正圆。这么多有月又变成无月的夜晚，我们都这样一起走过。

不经意间我们一起走过15年，15个春夏秋冬，有争吵，有不理解，但血脉的纽带以及浓浓的爱让我们在这幸福中一起走过，现在，我只想说，谢谢你妈妈。成长道路上我们一起走过，真好。

本文发表于《大江晚报》2019年8月29日 WBB4版 作文。

走过时光

林文佳

时光荏苒，它如同一台穿梭机，经历了我与你的每一段欢乐与波折，经历了十几个春夏秋冬，我抓住你柔软的手，我们一起走过。

妈妈，你陪伴了我无数个日日夜夜。窗外，太阳如期地挂在高空中，天空一碧如洗，小鸟占据枝头，歌唱那首动听的乐曲，这春景你带领我欣赏了很多次。夜幕降临，天空中像拉出了一块幕布，或许还邀请了如钻石般的星星做伴吧。透过小小的一方玻璃，仰望星空，折射出我们一起走过的路。

那年我3岁，你30岁。还在牙牙学语的我，穿着一条棕色的背带裤，好像一个可爱的小熊，那时的我总盼望着有来去自如的双脚，而妈妈你总会站在门旁边，微笑着看向我，用玩具丁零零的声音吸引着我迈开了步伐，冲到你温暖、充满爱的怀抱里。在这段无忧无虑的时光里，我们一起走过。

那年我6岁，你36岁。那段时间我总会抱怨，你这一阵子每天晚上都回来这么晚，而你没有回应，嘴角上扬，露出不白但很整齐的牙齿看着我。直到我上了小学，来到了宽敞明亮的教室，才知道原来你一直在马不停蹄忙活我上小学的事。你牵着我的手，我们一起走进班级，我和伙伴们欢声笑语，只见你默默站在窗边，用那双充满爱与希望的眼睛注视着我。你笑了，你的笑容像蝴蝶一般在空中飞翔，明亮又美好。在这段温暖幸福的时光里，我们一起走过。

而如今我15岁，你45岁。紧张的气氛早已在空中盘旋，而你如同一座坚实的靠山将我揽在怀里，每个夜晚走进充满书香和妈妈味道的房间，在明亮的灯光下，你那丝丝的白发已探出头来，用那已有些皱纹的手摩挲着我的头发，鼓励我坚强奋斗，无论学习再辛苦，你总是陪伴在我身边，不离不弃。在这段艰苦难熬的时光里，我们一起走过。

妈妈，我初中即将毕业，即将成人，愿在今后无数个灿烂的明天里，我们相依相伴一起走过，直到永远。

本文发表于《大江晚报》2019年08月29日 WBB4版 作文。

一瓶矿泉水

叶钊凝

夏蝉不住地鸣叫，阳光毒辣。在毒辣阳光下上完体育课的我们仿佛又黑了几度。晶莹的汗珠粘在发丝中，像一个个调皮的小精灵折射出了七色光圈，却映衬出一张张有些疲倦的脸。拖着沉重的步子，我走在回班级的路上，想想下节班主任的课，不由地又缓了几步。

回到班级，还没打上课铃，却看见班主任微笑着站在门口，旁边还有两箱排列整齐的矿泉水。你嘴角轻轻扬起一个好看的弧度，笑着说："上完体育课我给你们每人准备了一瓶矿泉水，马上就要体育考试了，大家要加油啊。"

一瞬间，一股暖流涌上我心头，全班同学欢呼着、雀跃着，看着我们你又笑了。

我接过你递来的矿泉水，双手却因为浸满了汗水而打不开瓶盖。你拿过去，迅速地打开了盖子递给我。我大口地喝着，阵阵清凉沁入我的心脾，你看着我这个样子，忍不住笑出声来。我们一起走过，你轻轻递来的矿泉水，让我在酷暑里感受到清凉；你明朗的笑容让我在这繁重的学习中感受到了温暖；你微微地点头，让我在疲惫迷茫中得到了你肯定的力量。

谢谢你，我们的班主任，我们一起走过。你知道吗？你在酷暑里送来的矿泉水，清凉了我一整个夏天，却仍能温暖着我人生中的每一个冬天。谢谢你，我们亲爱的班主任！

本文发表于《大江晚报》2019年8月29日 WBB4版 作文。

悦读书香

咀嚼生活的真味

◇ 赵永轩

微风拂面，白雾弥漫，一抹翠绿呈现在我的眼前。

已过立冬，这朵翠绿的、还未来得及绽放的花蕾在白雾中显得格外美丽。阳光透过白茫茫的雾洒在班级的围栏上，仿佛被一个巨大的容器过滤了，它看起来不再灼热而显得十分温暖，含苞待放的花蕾浸没在阳光里，正舒展着身体。当班里的同学浇水时，它显得格外愉悦、快乐，仿佛在咀嚼着生活的真味。

一节阅读课，我正津津有味地看着白落梅的散文集，依稀闻到股股香味，内心的好奇让我忍不住把目光从书上移开，四处寻找香味的来源，目光在不经意间瞥见了窗外的围栏。咦？这花几时开的，我正好坐在靠窗的座位，把身体往窗边挪了挪，果然！是这朵花散发的香味！生活竟如此美好！连如此的小花都能散发出生活的真味！

仔细回想这朵花是经历了风风雨雨才能如此盛开，我的初中生活不也是如此吗？我就是这朵花，不经历点坎坷和磨难怎能咀嚼到生活的真味，怎能让自己的成绩提高？想着，便拿起了一道难题，细心地去想。忽然，我的内心猛地蹿出了一种想法，用笔一试，果然是正确的，胜利的喜悦萦绕在心头。

白落梅说过："人的一生要经过许多历程，尝遍人生百味，看过阴晴圆缺，才会有深厚的生活阅历。"是啊，人生正如白落梅所说的那样，我们都要携一颗从容淡泊的心，去咀嚼生活的真味。

本文发表于《大江晚报》2017年1月7日 WBA12版 作文课。

我们忽略了什么

◇ 汪思航

曾记否？那色彩斑斓的童年，时光已逝，童心也会随之消失吗？——题记

忽略　月亮

晚上，走在街上，车来车往，人来人往，很是嘈杂。偶然间，听到一个稚嫩的声音："爸爸，今晚的月亮好圆啊！"寻着声音，我抬起头，是的，今晚的月亮真的好圆好亮好大，感觉离我很近。如此美好的感觉，只要抬头的瞬间，便能拥有，可我却觉得生疏起来。晚上，我们会有多少次抬起头，看看时圆时弯的月亮呢？

我们忽略了什么？我想，当我们仰望星空的时候，我们忽略的不仅仅是欣赏月色带给我们的美好瞬间……

忽略　自然

暑假去到青海、敦煌，一路领略浩瀚的青海湖、茫茫的戈壁滩、七彩的丹霞、一望无际的祁连山草原，还有蓝天白云，草原上的人、马、牛、羊……平日里，身边的树啊草啊，随处可见，倒没什么感觉，但去过，感受过，大自然的鬼斧神工给我们带来的不仅仅是霓虹灯下的灌木。

我们忽略了什么？我想，我们忽略了自然的美好，大自然中，我们去融入它，感受它，舒畅愉悦之情油然而生。

忽略　自我

前段时间，看了一部电影——《小王子》，电影中有很多发人深省的道理。小时候的小王子，生活在一个小行星上，对一切都很好奇，很爱自然，很快乐。有一次，无意中飞到了地球，可地球上的工作环境和人与人之间的名利之争，使他变得很忧郁，觉得这个世界没有那么美好。后来在地球人的帮助下，小王子又回到了自己的星球上，没有了人类杂念的侵扰，快乐和天真又回到了他的身上。故事告诉我们，不能忽略本来的自我。当下飞速发展的信息社会影响着我们，越来越多样的价值观、越来越多样的电子媒介，像一张无形的大网，笼罩着我们，使我们与原本的"我们"离得很远，甚至为了别人的看法，不顾一切地改变自己，活得很累，还不

如“走自己的路，让别人说去吧”来得轻松、痛快。

我们忽略了什么？我想，我们忽略了我们的初心，忽略了原本属于我们的快乐。勿忘初心，回归本质。

本文发表于《大江晚报》2017年2月18日 WBA12版 作文课。

记忆中的宏村

◇ 后喜玥

青绿色的石板路上长着一层幽幽的绿苔，透出丝丝凉意，那点儿细碎的阳光透过葳蕤的古木落在青石路上，散发着耀眼的光芒。青石路上印着我走过的足迹，古木的年轮中包裹着我游玩时的欢乐。

穿越宏村，我仿佛做了一个很长的梦，梦中山水泼墨，长袍短襦，清荷飘香……

那是一个盛夏，爸爸带着我徜徉于山水间，路遇宏村，便立刻被它的白墙青瓦所吸引，于是改变了计划，停留在宏村。次日清晨，我们被那雕花木窗外的阵阵鸟鸣声所唤醒，开始了令人难忘的宏村之旅。

宏村的俯视图好似一头正在树荫下歇息的老黄牛，我们从那“牛嘴”进去，欣赏着江南特有的徽式建筑：绿水萦绕白墙，周围几株垂柳的枝条在风中轻舞，配着那白墙青瓦，简单而美丽，朴素而富有诗意。

我们继续往“牛”的内部走去，越往里走，那些建筑就越复杂而华丽，依旧是白墙青瓦，但屋檐下、石柱上，雕刻着精致而又典雅的花纹，檐角上的风铃与轻风在空中嬉戏，那悦耳的铃声和柳枝上的蝉声应和着，合成一首清新的夏日小曲，让人一听便暑意全无，反而感受到了一种夏日特有的“清凉”。

走过青石路，映入眼帘的是两棵古树，郁郁葱葱，遮天蔽日，上面满是红丝带在微风中舞动着，后来得知当地村民每逢红白喜事都要在这两棵古树下转两圈，以示对神的敬意。

日已至西，我结束了我的宏村之旅，怀着依依不舍之情离开了它，离开了这古风弥漫、诗意浓浓的江南小镇。

宏村的美是树下悠然落棋，是花间醉然品酒，是庭中淡然挥毫，荷花清香，蜿蜒的小河在清晨和夕阳中低声吟唱……这就是我记忆中的宏村，它的诗意以及它的一切，都会深深地留在我的心中，让我日后细细回味。

本文发表于《大江晚报》2017年2月25日 WBA12版 作文课。

记忆里的芬芳

◇ 饶申佳

生命之中，总有一些记忆深埋在我们的心底，尽管时间飞逝，它们也不会因此而黯淡了颜色，褪去了芬芳，因为那是两颗心互动的旋律，齐鸣出爱的交响乐。——题记

童年的时候，我还住在外婆家，和外婆住的那段日子在我心中是最温馨的时光。

夏天，每天太阳公公还没起床，外婆便小心翼翼地走进厨房生火煮饭，而我每次都会被外婆偶尔碰到锅碗发出的声响所吵醒，每当这时我都会自己慢慢爬下床，光着小脚丫，一边揉着睡眼惺忪的双眼，一边慢慢吞吞地向厨房走去，然后随手拿个凳子坐在外婆身旁。“怎么不多睡一会儿?”外婆总是用她那温暖而粗糙的大手摸摸我的小脑袋，慈祥地问着。而我总是不应她，只喃喃地说着自己听不懂别人也听不懂的“火星话”。厨房里热烘烘的，这是因为外婆在烧柴火。“外婆，外婆，你看呐！亮亮的小灯在跳舞呢！”我兴奋地挥舞着木棍，那木棍上的“小灯”一会儿跑向这边，一会儿跑向那边，连成了一条条一闪即过的红线，有时我也乱舞成各种各样的有趣图案，好玩极了，而这时外婆总会笑着责骂：“小孩子家，玩什么火！烫着了怎么办?”虽是这样说，但每当小木棍不再有“小灯”时，外婆总会从我手中接过木棍往灶里插，然后又拿出来让我玩。这时，小木棍跳的舞是最美的了，我在一旁跳呀蹦呀，而外婆则在一旁看着我慈祥地笑。

时间是无情的，它给昨天留下了尘埃，却永远风化不了那鲜活的记忆，因为这是记忆中永不凋零的花朵，是它们冲破风浪的齐鸣，拨动起爱的琴弦，在岁月中奏出一首首心灵的旋律。

本文发表于《大江晚报》2017年3月11日 WBA12版 作文课。

细节里的微感动

◇ 范欣然

纵使风云变幻，感动仍久久萦绕在我身边，不曾离去。——题记

晴·书

暑假，陪妈妈到小城游玩。这儿没有都市的繁华浮躁，唯有独特的一份清幽。放下手机，在小城里闲逛，突然感到有一滴雨亲吻了我的脸颊。抬头一看，天色转阴。夏天的脸，孩儿的面，我没有时间跑回客栈，只好转身躲在旁边店铺的屋檐下。“你好，进来坐吧！”一个清脆的女声在我背后响起。“哦……谢谢。”这时我才意识到这是一家书店。那个女孩应该是书店老板。看我在门口迟迟不进来，她笑了笑，说：“看样子雨一时半会儿停不了，进来选本书看吧。”她的微笑可以打破一切阴霾。

我找了个位置，不好意思地坐下了。桌子上放着一本书，是《绿山墙的安妮》。我情不自禁地拿起来看，渐渐沉入故事情节当中……当我读完最后一页，抬起头时，雨过天晴，她坐在柜台旁绣花，温柔的样子让人不忍打扰。“谢谢。”我轻声说。她抬起头看了我一眼，笑容温暖。

书中的人物别离后又团圆，窗外的天气雨后放晴，屋中的我的心情，也因素昧平生的她而感动，找到属于自己的晴天。

阴·乐

从小，我就最讨厌阴天。天昏沉沉的，让人提不起精神。那天，又是一个阴天。老师偏偏在我最讨厌的天气发了我考得最差的试卷，我的心情坏到了极点。上课时我的思维总是无法一直跟着老师，下课后也无法正常地与同学们玩耍。我周围的同学仿佛也被我的坏脾气所感染，我们这一块儿的气压好像都低了下去。放学了，我把东西一股脑儿堆进书包，好像这样就能发泄似的。

出了校门，我急匆匆地往前走，把和我一起回家的同桌抛在了后面。“等等我哎！”她在我背后喊。我停了下来，看着她喘着气跑到我面前。“走那么快干吗？”她一边埋怨我一边把什么东西塞到我的手里，“本来我爸要接我的，结果我从他车上把MP3抢过来就来陪你啦。是不是很够义气？”看着她的笑靥，我的心情缓和

了些。

“听吧！”她把耳机塞入我的耳朵，像往常一样，她左我右。淙淙的音乐在我们之间流淌，那美妙的旋律像给我打了一剂强心针，我的脚步都随之轻盈起来。那被裹在墨色睡袋里的昏沉的天空，此刻看起来也不那么阴沉沉的了。

阴天里的那曲音乐，感动了我的心。

雨·伞

每当下雨时，我都会撑起那把紫色的伞，那把朴素却见证着友情的伞。

我们相遇在烟雨蒙蒙中。我没有带伞，为如何回家而苦恼着。你却悄悄走来，说：“这把伞借你吧，我还有一把。”我有些不知所措地看着你，不过最后还是接受了。从那以后，我们从点头之交的同学变成了很好的朋友。

雨季，也有终时。分别来临，我们却没有想象中那么悲伤。可能是雨伞的魔力，让我们不那么忧伤。

那把紫色的伞，承载了我们的友情。

晴天的书，阴天的音乐，雨天的紫伞，都让我为之感动。

一书使天晴，一乐动人心，一伞感友谊。

本文发表于《大江晚报》2017年3月25日 WBA12版 作文课。

雁过留痕　写作人生

◇ 叶钊凝

天空中，掠过几只大雁，留下一缕淡淡的，淡淡的痕迹……

初闻邢殚老师的“雁过留痕”作文教学法，好奇的种子就在我的心中生根发芽，“雁过留痕，风过留声”，作文的教学法，与此有何关系？一连串的疑问让我忍不住想要寻求答案，深入了解，才明白其中的真谛。

一篇好的作文，读者反复阅读，就能渐渐明白蕴含的情感与哲理。通过阅读，用心去细细聆听，在脑海中慢慢体会，文章的精髓想必也就显而易见了。通过五步教学法中“读”的训练，我们在阅读中慢慢培养起对作文的兴趣，会觉得写作文并不是一件难事，乐在其中，细细体会，慢慢咀嚼。在“读”的过程中，不仅训练了朗读的能力，而且见文思意，遇到篇篇美文，感受到的，还有来自心灵的震撼。

在朗读的过程中，集中注意“听”很重要，内容可能一带而过，而这时，若心不在焉，错失的，或许就是文章的精华。“读”与“听”相补互促，“雁过”便在于此。

而“留痕”的第一步便在于“说”。“说”也就是交流与讨论，对于文章的中心，不同的人可能会有不同的理解，这时，交流与讨论就尤为重要，因为这可能暴露写作上有所欠缺的东西，通过讨论，各抒己见，问题或许就会迎刃而解。同时，一篇好文章的构思也就浮现在我们的面前。

当然，最重要的是“写”。篇篇美文，源于生活中的观察，来自心灵的感悟，在写的过程中，用心去捕捉灵感的瞬间，用或为质朴的语言，或为独特的视角记录最美好的时光。

没有一篇好的文章是一次性写成功的，都需要经历无数次的修改。如鲁迅先生在写作《藤野先生》时修改了近200次，这正说明了“改”的重要性。在平常的作文练习中，我的作文也要反复修改。每一次的修改，在语言上做到精炼，在用词上力求优美，最后老师再帮忙修改，才呈现出一篇篇好的文章。

读、听、说、写、改，“雁过留痕”作文教学法，诠释了写作的精要与正确的路径，使我的作文实践有了明显的飞跃，从中的收获与体会，让我倍感欣喜。当我们运用此法将心灵深处的感受转化为精准、质朴的文字，生动记录下一个个美好的瞬间，这又何尝不是人生的一种享受！雁过，留痕，虽浅，但回味深长，意境悠远。

本文发表于《大江晚报》2017年5月18日 WBB05版 作文课。

与书为伴　共度好时光

◇ 晏辰飚

书中的时光可以无穷无尽，我与我的书共度这美好的时光。

书中的时光使我快乐，我可以不用去管我在现实生活中的忧愁。拿起书，我仿佛置身于大海之中，周围如海水一样的文字轻轻拂过我的指间，是那么的轻，那么的柔，使我如在天空翱翔一般舒适，一般自由。

在我的书海中有一本书是我最喜欢的，那就是《西游记》。这本书是罗贯中写的，结构紧密，内容丰富，他用自己独特的写法，把里面的人物形象勾勒得淋漓尽致，性格分明。其中，我最喜欢的就是孙悟空这个人物，《大闹天宫》也是我最喜欢的属于他的情节。

他那可爱，不怕困难，敢于斗争的形象深深地印在了我的脑海里。

孙悟空不仅在书中给我快乐，在现实中同样给了我帮助。

一次，我做一道题目没有头绪，不停地抓耳挠腮，样子十分像一只可笑的猴子。过了一会儿，我趴在桌上，眼下尽是一些模糊的文字。当我抬起头，看到了这本书。我打开它，翻到《大闹天宫》这一章，里面的孙悟空让我不由地赞美和惊叹，我再看看桌上的那道题目，不由感到羞愧，我仿佛从“齐天大圣”身上获得了力量，不一会儿就解开了那道题目。

书永远也看不完，路永远也走不完，而时光在这条路上如千千万万颗星星一样永远眨不完。我抱着我的书在这条路上前行着，头上是时光的星星照亮我前往美好的方向。

本文发表于《大江晚报》2017年5月25日 WBB04版 教育周刊。

记忆里的芬芳

◇ 李邦宇

雨夜，静静地趴在窗前，回想起儿时往事，那一缕芬芳的记忆在我脑海中久久挥之不去，每每想起，就如同掉进美丽的花海一般，香香的，甜甜的。

还记得小学时一起玩耍的小伙伴们吗？他们的笑声回荡在我的脑海里，开启了那段芬芳的回忆。

那是小学五年级的时候，学校开展了一年一度的校园足球联赛，同学们踊跃报名参加，我也不例外。经过重重选拔，班上的足球队成立了。在同学们的一致推荐下，我光荣地被推选为足球队队长。

为了在比赛中取得好成绩，我组织班级足球队的队员们在双休日训练。而我这个队长，自然也就充当起了教练，带领大家练习传球、射门，不亦乐乎。尽管每个人都是汗流浃背，但也十分高兴，一同体味着足球带来的乐趣。

转眼间，就到了比赛时间，我带领同学们过五关、斩六将，一路杀进了决赛。决赛的对手是六班，上一届的冠军，实力不容小视，为此，我们一个个出谋划策，各抒己见，讨论着合适的战术。

决赛如约而至。我们两队队员一个个精神抖擞，气势不相上下。随着裁判的一声哨响，比赛开始了。我带球向前跑去，对方前锋来抢球，我虚晃一枪，便把球传给队友，我俩之间互相回传，弄得对手团团转。突然，我看见对方防守有一个很大的空当，赶紧带球突进，突破对方后卫，一记劲射，球进了！同学们大声欢呼起来，庆祝我的进球。对方不甘示弱，赶紧带球猛攻，一记大脚开过去，直至我们家球门，守门员不慌不忙，使出一招“猛虎扑食”，一下子把球扑在怀里，让它动弹不得。紧接着，他把球传给我，我们又发起了下一轮进攻……到了下半场，我们越战越勇，连进两个球。对方也不甘示弱，以一记妙传绕过我队后卫，直面球门，射进一个球。随着哨子的两声长鸣，比赛结束了，我们最终以3比1战胜六班，获得了冠军。同学们都欢呼起来，庆祝我们的胜利。

如今，我已踏入初中生活，小学的同学们都去了不同的学校，而小学的一切，也都成了芬芳的记忆，刻在我的脑海里，无法忘却。

本文发表于《大江晚报》2017年6月01日 WBB04版 教育周刊。

做最美的自己

◇ 马思涵

每个人都有他独特的美丽，有的像是银河中的一颗星星，虽渺小却有自身的唯一；有的像天空中的一朵云，虽朴素却能变化万千；有的像森林中的一棵树，虽普通却能为人们带来清新……

坚持的我最美丽。在朦胧的天色中，经过蜿蜒的盘山公路后，我们终于来到九华山天台脚下。些许清晨的薄雾，给这座古老的佛山又增添了几分庄严与神秘。踏上一块块光滑的石阶，薄雾在远处渐渐隐去，可是石阶却仿佛那无尽的长廊，走也走不完。这时，我的双腿已开始颤抖，有些想打退堂鼓，但心中那一股不服输的意念给了我前进的动力，让我仿佛在黑暗的角落中，寻着那一丝灯火，找到了迷雾中绿色海洋的尽头。那一刻，坚持的我最美丽。

努力的我最美丽。自进入初中那天起，我对自己考入重点高中的期望在心中油然而生。可现实却很骨感，那次数学考试中，原本信心满满的我，却因无情冰冷的分数彻底失望。我将试卷翻出放在书桌上，仔细寻找红叉背后的原因，然后又在一堆堆试卷中勾出类似的题目。我深深地吸了一口气，给自己信心和决心。笔尖在纸上“沙沙”作响，努力的动力在内心燃烧，让我感觉不到那如水般逝去的时光，我只让自己内心的不快化为动力，在那笔尖上释放出能量。最终，一分耕耘，一分收获，看着第二场考试试卷上那令人满意的成绩，我笑了。那一刻，努力的我最美丽。

勇敢的我最美丽。来到西双版纳的望天树景区，欣赏着绿色成荫的热带植物，呼吸着经过雨林过滤后的清新空气，令人顿感神清气爽。可是真正到达那高达几十米的望天树铁索桥时，看着那铁锈斑斑的铁链，望着桥下如蚂蚁般的人群，我的心中不禁打起寒战。刚迈上一步，来回晃动的桥身令我不知所措，内心恐惧的恶魔逼着我向后退缩，我煎熬着，恐惧着。但当我抬起头，看着前方树林中洒下的那束希望的光芒，我终于鼓起勇气迈开了前进的脚步，顺利地走到了终点。那一刻，勇敢的我最美丽。

我，可能只是尘埃里一块普通的石头，但经过雨水的冲刷，也会绽放自己的美丽。我坚信，这块普通的石头经过自己的努力，会向世人证明她是一块被包裹于泥沙中的玉石，总有一天会绽放属于自己的光芒，做最美的自己！

本文发表于《大江晚报》2017年6月15日 WBB04版 作文课。

最美的风景

◇ 胡蕊妍

长河落日，小桥流水，总有一些景物令我们流连忘返；李白举杯邀月，子美心忧家园，总有一些人，让我们心生敬意；父母亲情如山，师长教诲绵长，总有一些生活场景让我们倍感温馨……一路走来，有那么多“风景”让我们享受着、成长着！

在我的记忆里有太多的风景，它们犹如一颗颗美丽的珍珠，每一颗都有属于它自己的一段故事——

“轰隆！”伴随着震耳的雷声，雨，下了下来，愈下愈强，打在窗户上“啪啪”作响，看着窗外的雨，心情无比沉重，心里十分担心我家院子里的那一缸荷花。

那缸荷花是几个月前，爸爸去别的地方出差带回来的，因为没有水，那两株荷花已经奄奄一息，妈妈说把她们扔掉吧，可我没有同意，执意要留下，并有信心养活她们。

我急忙冲到院子里，看见瓢泼大雨打在那两株娇嫩的荷花上，那一滴滴雨点打在荷花上，就像打在我的心上。那一刻我多么想去保护那两株荷花。

雨越下越大，打得荷花弯了腰，打得我的心一阵疼，就在这时，那株稍微大一点的荷花似乎在慢慢向另一株小一点的荷花靠近，就像一位伟大的母亲保护自己的孩子一样，令我好生敬佩。不知不觉，思绪纷飞，我想起了我的母亲，我每次哭泣，每次受伤，每次开心，每次成功，每次失败……她都在我身边，陪着我，从没有过怨言。也许这就是母爱吧！

雨过天晴，天空一片湛蓝，时不时从树上传来几声鸟鸣，远方的天空挂着一道彩虹，我的思绪慢慢收回，看着那两株相互依偎的荷花，心里满是感动……

也许这一幕抵不过鹰击长空，那勇于搏击的力量；抵不过鱼翔浅底，那自由自在的快乐；抵不过那柳树萌芽，感受到生命萌发的美丽，但在我的心里那确实是最美的风景！

本文发表于《大江晚报》2017年7月13日 WBB06版 作文课。

珍惜童年

◇ 饶申佳

童年是一杯咖啡，喝着让人回味无穷；童年是一本书，每一页都记录着我们儿时的喜怒哀乐；童年是一杯茶，品味后，嘴里还留着甜甜的味道；童年是一幅画，画里有我们五彩缤纷的生活。童年是纯真、难忘的岁月。我原以为每个人都拥有美好的童年，拥有幸福的过往。可是不久前我读了《童年》这本书，我才发现我错了，原来世界上并不是每个人都很幸福、快乐，他们或许有着我难以想象的残酷过去。

《童年》是苏联作家高尔基以自身经历为原型创作的作品，他真实描绘了社会生活，展示了充满残酷、野蛮、愚昧，甚至令人窒息的生活，表现了一代新人反抗黑暗、奴役，追求自由、光明的崇高理想。书中的主人公阿廖沙的种种遭遇，使我极为难过。幼小的阿廖沙，过早地体会到了人间的痛苦和丑恶。外祖父的自私残暴，舅舅们的唯利是图，使他的生活那么不幸，甚至可以说是悲惨。

我的童年是多么的无忧无虑，自由自在啊！我可以在父母怀里撒娇，在外祖父母的疼爱下长大，可我还不满足，肆意发脾气。而阿廖沙呢？他很小就失去爸爸，妈妈又把她丢在了外祖父家，除了外祖母没有人关心、疼爱他，想到了这里，我不禁为自己的任性行为而感到羞愧。

是啊，我从小就是衣来伸手，饭来张口，心里只想依赖父母，让父母为我遮风挡雨，却忘记自己也要学会长大，是《童年》唤醒了我，教会了我，它让我知道，要像阿廖沙一样，坚强勇敢地面对人生中的苦难，这是一个人成长的过程，因为我们总要学会长大。

每个人的童年只有一次，或完美，或不完美。我会珍惜童年的点点滴滴，当成一份最美好的回忆，用我自己的力量，谱写我人生最美的篇章！

本文发表于《大江晚报》2017年7月13日 WBB05版 教育周刊。

朋友有你　自然相伴

◇ 叶钊凝

灰暗的天空，雨水打落在地。风清扬，独坐桌旁，暗自神伤。低头，桌上是一张狼狈的试卷，那么刺眼，我的心如刀割，伤口在慢慢撕裂。成绩的下滑加上学习的压力使我有些喘不过气来，不甘的泪水模糊了双眼，继而不争气地落下，如断了线的珠子，洒了一地，鲜红的分数在泪水的浸湿下显得格外狰狞。“放弃吧，你不行的！”心底有个声音在不停地叫嚣。复叹息，眼前的挫折，就要把我击溃……风，刮得有些猛烈，一道闪电，照亮大地，将我从混沌中惊醒，不经意地看向窗外，随之震住，继而感慨。

眼前，一株破土而出的幼苗。油绿的茎，仿佛风一吹，就能轻易折断。一朵纤细的小花藏匿其中，显得那么渺小，又是那么耀眼，更有几分刚强。几滴晶莹的露水顺着细叶轻轻滑落，跃起一个好看的弧度。淡粉花瓣，柔柔绿叶，却更有不屈的精神。一阵狂风呼啸而来，倔强的你随风翩跹，又傲然挺立，任风凛冽，也不为之动摇。你娇小的身躯究竟蕴藏着一颗怎样强大而又朴素的心？是拥有一颗对生活多么热爱的心，才能如此笑对？源于自然的召唤，源于一种返璞归真的简约与淡然。

面对风雨，不言弃，勇敢向前，即使身处风雨中也依旧傲然挺立。是你，我的朋友。错觉吗？你笑着说：“挫折再大又何妨，笑着闯过，眼前便是一片蓝天。”花如此，人亦然，生活的美好需要我们细细体味，留在当下，或是一遍遍追忆过去的失败，不如放眼未来。美好是由每个当下组成，留下的则是对生活的热爱。风愈加猛烈，我毫不动摇。

是你啊，自然界的一只美丽的精灵，你的坚强不屈，你的乐观向上，让我敬佩。我的好朋友，是你教会了我坚强，是你教会了我面对困难，永不言弃，坚持努力，成功就在眼前。

伤口被你生命的美好渐渐抚平，你张开双叶，衬着娇艳的花儿。阳光拨开乌云，雨后的彩虹格外灿烂，斜斜地照在你的身上，明媚地洒落我的心间。心中的阴霾渐渐褪去，心中的幼苗尽情生长，绽放最美的花儿。我握紧拳头，对着你，对着心底的世界说：“加油，别放弃，我能行！”

岁月在无声消逝，季节在春花秋月、夏雨冬雪中匆匆流过。唯有你，我的朋友——自然，一路陪伴身边，时时刻刻都在。一袭风，吹开最美年华，岁月静好，生活本味。让每一个平凡的日子都开出一朵朵希望的花儿，静静地绽放在人生的道路上。感谢有你，我爱的自然，让我的世界多了一分色彩。

本文发表于《大江晚报》2017年7月20日 WBB05版 作文课。

妈妈的白发

◇ 胡嘉谊

依然清晰记得，小时候，我的头发半长披肩，乌黑浓密，但笨拙的我却不知该如何打理，总是弄得一团糟。这时，你总会耐心地为我梳头，一下，两下……木质的梳子有着微微的凉意，不会像塑料梳子一样弄出静电。梳完后总会是两条可爱的羊角辫。

渐渐地，我长大了，头发也剪短了，短发有些许蓬松，根本不用去细心打理。那把木梳也不知丢哪去了，任岁月侵蚀，任灰尘蒙面。

那时，因为紧张的考试，而不断地与你争吵，长时间的冷战，让一些珍贵的回忆随风飘去，一去不复返……

那是个酷热的下午，知了在树上不知疲倦地叫唤，房间很热，我正在题海中冥思苦想，你走进来，小心地端着杯绿豆汤，放在我桌前，柔声说："孩子，歇会儿吧！注意要劳逸结合。"不知怎的，我却把这几周的怒气，全部发在你身上："行了，你别再弄了，烦不烦?"你尴尬地笑了下，叹了口气，走了出去。

不知为何，总看不进去书，我和你吵架的那一幕，如同一场不断回放的电影，在我脑海中回荡，还是睡觉吧，我放下课本，看也没看那杯绿豆汤。

第二天，在寻找一本习题册时，我却无意发现了那把曾凝聚亲情的木梳，心忽然被挑动，一种温柔的情感涌上心头。拂去上面的灰尘，走近你，我轻声地说："妈，让我为你梳头好吗?"你愣了下，点了点头。

岁月不饶人，你什么时候也老了？我站在你身后，执梳从发根到发梢，动作无比轻柔，生怕弄疼了你，但我依然从镜中瞥见你疼痛的神情。忽然看见你浓密的发间有着点点银白，宛如远山上卧着几抹残雪，这几抹雪，冰得我很难过，"妈……你有白头发了。""没事，人老了都会有白发。"你无所谓地说，我却定定地望着你，在我那些支离破碎的记忆中，从未见你疲倦过，幼小的我天真地以为你是超人，但你头上几根白发却无情地告诉我，你也老了。我鼻子一酸，泪水在眼眶里打转。

"妈，你不是一直想听我学校的事吗，我讲给你听……"当我俩走在林荫道上，阳光透过树叶的缝隙倾泻在地上，铺展出了爱的抽象画，阳光调皮地照在你我紧握的双手上，这一切，在我脑海中，有了深刻的一个字——爱，这种亲情之爱伴随我，在茫茫人生道路上有了坚定走下去的勇气。

本文发表于《大江晚报》2017年7月27日 WBB05版 作文课。

勇往直前

◇ 张子怡

“会当凌绝顶，一览众山小。”这是诗人杜甫面对人生努力所发出的赞叹。没有悲伤，没有骄傲。当我们克服重重困难获得成功时，你是否还会不骄不躁呢？勇往直前，方能登上顶峰。

偏僻·生长

我是一颗孤寂的种子。一天，一阵微风将我带到这偏僻的小林中。每天只有空旷的山野与我做伴，而我每天心中的复杂情绪无人诉说，仿佛世界将我置之身外。想起那些花儿每天被人们所赞美，蜂围蝶绕，是何等的快乐，心中不由升起嫉妒。然而远方的一株翠绿的小草，平息我那颗嫉妒之心，让我化嫉妒为动力，不断成长。每天我都会自我安慰：“为什么要别人赞赏，我孤芳自赏便好。”我慢慢地扎下牢牢的根，珍惜每一滴来之不易的雨露。终于我抽出淡绿的芽，为自己的生命奠定了良好的基础。

严冬·发芽

我是一颗高傲的种子。春天的温暖从身上经过，毫无知觉；夏天的生机勃勃对我，毫无用处；秋天的硕果累累对我来说只是一个季节。当我认为在寒冷的冬天我更不会发芽时，有一抹嫩嫩的绿慢慢地显露，这时一种生命的希望汇成一汪清泉蔓延到我的全身，让我感到我的春天终于要来了！这种力量使我对我的生命又充满信心。尽管寒冷的风不断拍打着我，洁白的雪肆意将我覆盖，但是我还是在这冰天雪地中开着翠绿的苞，为这严冬添一丝生机，更为我自己的生命画一个完美的开始。

悬崖·怒放

我是一颗晶莹的种子。一次偶然，风将我带到这悬崖边上。每天只有寒风和干枯的树枝与我为伴，我唯一听见的是风吹过干枯的树枝发出令人毛骨悚然的声音。我不断抱怨老天的不公，抱怨命运。直到看见远处一朵洁白的雪莲盛开在这悬崖上，它显得仍然是那么端庄、优雅。我想：“我也要像它一样在逆境中活出精彩的人生。”我将根稳稳地扎进石缝，在石缝中汲取微少的营养。我把淡绿的花苞骄傲挺起，仿佛在向命运宣战。终于，我盛开出生命中最灵动、最有生机的那两瓣翠绿如翡翠般的叶子，为生命绽放最炫目的一道光彩。

既然要登上顶峰就要努力奋斗，无论是生处何种境遇，只有勇往直前，方可取得成功！

本文发表于《大江晚报》2017年9月14日 WBB05版 作文课。

勇往直前

◇ 李祺昀

“人的一生要经历过许多历程，尝遍人生百味，看过阴晴圆缺，才会有深厚的生活阅历。”这是诗人白落梅的一句名言，告诉我们生活要经历重重困难才能悟出深厚的道理。

泥泞·抽芽

我生长在泥泞沼泽中，每日陪伴我的只能是潮湿不堪的沼泽。那一天，风把我带到这里，我掉落在沼泽中，内心充满恐惧和痛苦，也曾抱怨世间的不公平，然而远处的香蒲让我的希望慢慢变成一轮初升的太阳。我要长大，我要傲视沼泽，于是我每日不再与沼泽争吵，也不再抱怨命运不平等，慢慢地，我努力生长根须，珍惜到来的每一缕阳光。终于，我发了芽，阳光温暖地照射着我，我伸展出两瓣嫩绿的叶子，给阴暗的沼泽增添了一丝绿色。

悬崖·含苞

我生长在悬崖峭壁之上，那里气候严寒，我时常经受刺骨寒风的洗礼，与我相伴的只有皑皑白雪。我本认为我是一颗美丽的种子，如今却伤痕累累，不管怎样也不能发芽、成长，我的希望掉入深谷，绝望在我心中徘徊……直到有一天，春日第一缕阳光照射在我身上——万物复苏，世界变得异常美丽；冰雪消融，处处充满生机。我要发芽，我要成长，我要开花！我每天汲取甘甜的山泉，吸收温暖的阳光。终于有一天，我突然发现自己有了一个可爱的嫩粉色的花苞，为这陡峭的悬崖贡献了一抹春色。

池塘·怒放

我生长在一片快干涸的池塘里，烂泥和石子就是我的家，我每日都要忍受蚊虫的叮咬，疲惫日复一日吞噬着我柔弱的身体。我拼命把根须扎向泥土的深处，努力将花儿高高托起，向困难挑战，决不屈服，我向着风雨雷电绽放出最绚丽的花朵。既然选择开始生命的竞赛，那么你就要勇往直前，冲向胜利的终点。

努力，勇敢，不放弃，成功一定属于你！

本文发表于《大江晚报》2017年10月26日WBB05版 作文课。

落下的枫叶最美

◇ 林文佳

我家小区有一棵高大的枫树，它的根粗壮无比，深深地扎根于土壤中，狂风暴雨也动摇不了它。它陪伴了我十几年，在我的心中，门前的那一棵枫树一片片的枫叶最美。

我还是一个不懂事的娃娃时，爷爷奶奶经常带我来到枫树下，当时那棵枫树还只是一棵小树苗，树干还没有成人的大腿粗，枝上也没什么叶儿，它每天汲取着阳光和雨露，茁壮成长。偶然间，在三层楼我家的阳台下发现了它的身影，它再也不是弱不禁风的小树苗了，而是长成了一棵顶天立地的大枫树，它的枝挂满了一串串的叶子，风儿一吹，便在空中舞蹈，好似一串串红色的风铃，沙沙地发出悦耳的音乐。可是好景不长，一到秋婆婆来临的时候，风儿一吹，枫叶便像在风中乱飞的红蝴蝶，没有目的，在空中不停地打转，风一停，便悄无声息地落在土地妈妈的怀抱里。看到此景，心中略感凄凉，心中的悲凉就如同秋日毫无生机的枫叶一片片、一片片地沉入我的心谷。

我好奇地问妈妈："那生机盎然的枫叶，难道就此凋零了吗？它们美丽的生命就这么短暂吗？"妈妈却对我说："落红不是无情物，化作春泥更护花。它们并没有就此结束自己的生命，它们的飘落只是在延续自己的生命，奉献着自己，却可以换来来年一树的丰茂与美丽。"

听了这些，我便想起了城市中那些默默无闻奉献的人群，为了城市更美好，他们奉献着自己；还有那些驻守边疆的解放军战士，他们伫立在祖国的边疆，保卫国家，他们挥洒的每一滴汗、流下的每一滴鲜血，就如同那一片片落下的枫叶，毫无怨言，默默地奉献着自己，为的是下一代的生机与美丽、下一代的繁荣和富强。如今看到门前的枫叶飘落，心中不再是凄凉，而是期待着明年的美丽与美好。

在我心中，门前落下的枫叶最美，缓缓落下枫叶的那一幕将会永远印在我的脑海。

本文发表于《大江晚报》2017年11月02日 星期四 WBB05版 作文课。

真正的变形金刚

◇ 黄尚彬

我爱变形金刚，变形金刚就在我身边。

我很小的时候，总是对玩具汽车十分着迷。走路抱着汽车，吃饭拿着汽车，甚至睡觉也和汽车睡。直到有一天，我惊喜地发现——它可以变形。

“那是个变形金刚。”爸爸笑着对我说。

我十分开心，胖嘟嘟的小嘴激动得不知该说些什么，在那之后每看到一个小车，它可以变形，我就会举起小手，发出惊喜的声音：“变形金刚!”于是，不懂事的我整天缠在爸爸身上，叫爸爸讲变形金刚的故事，爸爸也不厌其烦地说着：“从前有一个机器人，他叫……”

我躺在爸爸的怀里，睡着了。

那时的我，爱时不顾一切，被爱时浑然不觉。

人有悲欢离合，月有阴晴圆缺，直到那一天，我被变形金刚伤透了心。那是一辆金黄色的跑车，在太阳的照射下金光闪闪，和电影中的一模一样，我高兴地似乎要飞了起来，眼中充满了兴奋的金光，我高举着双手大声喊道：“真的！真的变形金刚！变形！变形!”我不知绕了多少圈，喊了多少次，嗓子哑了，脚也酸了，它依旧死气沉沉地躺在原地，爸爸怕我摔跤，在我后面追着，“停下！它不会变形的。”爸爸在身后气喘吁吁地叫道，我双眼一黑，往日对变形金刚的喜爱通通化为被骗后的气愤，“呼!”我绝望地往后一倾斜，可我知道，接住我的人，不是变形金刚，而是爸爸。

我哭得撕心裂肺，惊天动地，来往的人也忍不住回过头望，天空仿佛也看痛了心，黑了起来。陪伴我的人，不是变形金刚，而是爸爸。我是哭着回家的。

时光如箭，四年后的某个清晨，我迎着太阳翻开了那尘封许久的日记，翻开那往日爸爸的心声——孩子，真正的变形金刚不是说变形就会变形的汽车，不是只供你玩耍的伙伴，他们会不声不响地陪伴着你，在你遇到困难时——变形。爱时不顾一切，被爱时浑然不觉，就像爸爸、妈妈、爷爷、奶奶……一样，爱你，无须作声，爱你，才会变形!

我爱变形金刚，变形金刚就在我身边。

本文发表于《大江晚报》2017年12月7日 WBB05版 成长周刊。

母爱似月

◇ 范欣然

我总抱怨妈妈不爱我，殊不知，那抹月光一直在我身后。——题记

自从妹妹出生后，我觉得妈妈越来越不爱我。

从前，妈妈总会与我愉快地聊天，现在却只陪妹妹玩；从前，妈妈会在网上给我买衣服、买零食，现在我已很久没穿过新衣服，连网购平台的推荐页面都变成了奶粉、婴儿玩具；从前，妈妈会接我上下学，现在不论春夏秋冬，我都得一个人上下学。我总跟好友抱怨："我妈还不如天上的月亮，月亮还陪我一起回家呢！"

刚入冬的一天，寒流肆意扫荡江南。数学老师讲完课后，物理老师又来评讲题目。等到物理老师心满意足地离开后，已是6点多了。窗外一片漆黑，一缕风从窗户缝溜了进来，钻进我的衣服里，冻得我打了个寒战。"我妈来接我……"同桌和后桌叽叽喳喳地聊着天，我却不禁想：妈妈会来接我吗？不会的。我自嘲般地摇了摇头，慢吞吞地背起书包，向校门走去。可到了校门口，我却惊奇地发现，妈妈来接我了。"怎么这么迟才出来？你们班其他同学早就出来了。"妈妈一边说一边帮我戴上围巾。我坐上妈妈的电动车，问："你今天怎么来接我了？"妈妈转身塞给我一个袋子，说："都这么晚了，我怎么放心让你自己走回家？坐稳了吗？"我没有想到妈妈会这样回答，愣了一下，含混不清地"嗯"了一声。

电动车平稳地向前驶去，我打开妈妈刚刚塞给我的袋子，发现里面是豆沙面包。猛然想起，前几天我和妈妈提起过想吃豆沙面包，说完自己就把这事忘了，没想到妈妈却一直记得。当面包在我的舌尖跳起第一支舞时，我的眼泪流了下来。这么多天的委屈、难过，都喷涌而出，而妈妈的背影，就是我的保护伞。在泪眼蒙眬中，我望向天上的月亮。月亮在树的枝头跳跃，有时还在高楼大厦后隐藏起自己清秀的脸庞，但它一直跟随着我，抑或是我紧紧追随着它。那月光，也一直照在我身上。那一瞬间，我似乎明白了许多。母爱就像那月亮。尽管有时妈妈不在我的身边，有时看起来她对我不太关心，但她仍然爱着我。我总是抱怨妈妈不爱我，但她在我的身后默默包容我、呵护我。她给我的爱虽不如鲜花般浓艳，却似那道月光，洒在我的身上、照亮我的心房。

黑暗中，我总是跟随着自己的星星，却从未发现母爱的月亮倾泻出的月光，始终围绕在我的身旁。

本文发表于《大江晚报》2017年12月14日 WBB05版 作文课。

落花满地芳年华

◇ 范欣然

循着那淡雅的芙蓉花香，我打开书，走进你的世界。

是哪缕多愁善感的风，把那朵芙蓉吹进了富丽堂皇的贾府？

“世外仙姝寂寞林”，你是荣府四千金贾敏与巡盐御史林如海的独生女，身份不俗，还生得倾国倾城，兼有旷世诗才，自然性格有些傲气。天道无常，小小年纪的你，因父母双亡而被外祖母接到身边。虽然贾母对你百般怜爱，但这偌大的贾府，究竟不是你的家。夜深人静之时，你抹过多少次泪珠？寄人篱下的生活，造就了你悲观的心境。

是哪股调皮的风，把美玉和花儿吹到一起？

“一个是阆苑仙葩，一个是美玉无瑕。”你那封闭已久的心门，为那个说着“这个妹妹，我曾经见过”的男孩所敞开。你与宝玉有同样的叛逆性格，一同鄙视封建文人的庸俗，嘲讽八股功名的虚伪。在别人看来，你们与社会格格不入，但你们两人却因此惺惺相惜。本是青梅竹马的美好故事，可这花园里从不会单开一种花。牡丹，开在了芙蓉身旁。宝钗容貌丰美，举止娴雅，博学多才，通达了悟，还比你更得下人之心。更不用说她那把“不离不弃，芳龄永继”的金锁而引出的“金玉良缘”了。这一切都使你抑郁不忿。豆蔻年华少女的心思，在言语和行动中表现得淋漓尽致。为此，你还和宝玉吵过架。幸好你们并没有因为这些事而心生嫌隙，两颗相同的心也越走越近。

是哪阵无情的风，毫不留情地将芙蓉花吹落？

“花谢花飞飞满天，红消香断有谁怜？”你的身子一直不好，悲凉的心境更是雪上加霜。“不知风雨几时休，已教泪洒窗纱湿。”病魔的痴缠，沉重的精神负担，让这娇艳的芙蓉花渐渐失去了色彩。风雨，从未停过，还变得越来越猛。元春薨逝，王子腾之死，贾府连失两个大靠山。在这节骨眼上，宝玉变得疯癫。贾母想要为宝玉冲喜，又想到金玉之说，便商议宝玉和宝钗的婚事。本想用调包计蒙混住你和宝玉，可纸包不住火，你还是知道了。你急火攻心，咯血不止。二月十二，你的生辰。墙这头，你不断咯血，泪流不止；墙那头，锣鼓喧天，洞房花烛，他有了他的美娇娘。“一个是水中月，一个是镜中花。”纵使焚了诗稿，断了回忆，可弥留间，眼前浮现的为何还是那个眉眼含笑的少年？在良辰美景的丝竹管弦声中，你缓缓闭上了眼睛。

“寒塘渡鹤影，冷月葬花魂。”那朵芙蓉，终究还是落了。

春未到，花已落。

落花满地，但那缕幽香，芬芳了年华，永存于我的心间。

本文发表于《大江晚报》2017年12月28日 WBB09版 教育周刊。

书写青春

◇ 章　蔚

青春，是每一个人的记忆中最精彩的部分；青春，是每一个人永远无法忘怀的经历；青春，是每一个人最青涩懵懂的时光；青春，是我正在经历的……

自从进入初中以后，中考体育加试这件事就越来越被家长和老师重视。每一次想找借口不锻炼，无一例外地被这件事情驳回。无奈，只好加强锻炼。

“中考体育一定要拿到满分！”“你再这样子下去，中考怎么办？”……又是一堆倒着背都能准确无误地说出来的话。这些话每天都“魔音绕耳”，我害怕这些话，也真的害怕这些话里的内容。

长跑，无疑是我最薄弱的一项。每次想到下节体育课要测试长跑，这节课准是全程游离状态。可是，“是福不是祸，是祸躲不过。”啊！那一节体育课，我再一次全身上下每一个毛细血管里都写着拒绝站在起跑线上。“嘘！”体育老师一声令下，大家都开启了漫长的长跑之旅。

第一圈，大家总会慢慢地跑，节省体力，留着最后冲刺。虽然经过那么多次，我明确地知道，对于我个人而言，我在第一圈里保存下来的力气，在最后一圈根本没办法发挥出来。渐渐地，我脱离了大部队，在热闹的操场上，我只能听见自己一个人的喘息声。第二圈刚开跑，隐隐感觉到胸口有些闷，心口稍有些疼痛，肚子也稍有不适。我想放弃了，想停下来了。但不知怎的，大脑好像始终说服不了双腿。终于熬过了第二圈，我努力回想着老师曾经强调过的跑步时的办法，用一只手扶着腰深呼吸，继续努力向前跑。

快到第四圈了，老师和同学们都在那个出发的地方，当我跑到那里时，同学们竟然一边用力地鼓掌，一边为我大声地喊道：“加油！就剩最后一圈了！”他们殷切的目光注视着我，我虽然只是在那短短几秒的时间里从他们的面前跑过，但我真真正正地感受到他们的鼓励。我在不知不觉中加快了步伐，先前的不适也在那一瞬间烟消云散，再没感觉到疼痛。我错了，我原先以为在最后一圈里发挥不出来的力气，在那一刻，全都迸发出来了！在那个从来都不止我一个人奔跑的跑道上挥洒着不同于往日的汗水，我咬紧牙关，冲过了终点线！这一次，我第一次感受到成功的喜悦，这一次，我真切地感受到青春的美好！

长大以后，想起这些专属于青春的美好记忆，我们一定会重新站起来。因为，所有人都会走，但青春不会，他一直都在！

本文发表于《大江晚报》2017年12月28日 WBB10版 作文课

青青校园

热情让青春灿烂

◇ 魏晨希

我是一颗看上去很不起眼的种子，风把我带到了这个杂草丛生的院子里。我终日埋在土里，见不到外面灿烂的阳光，美好的世界。在我的旁边，有一株红色的玫瑰花，它总时不时地给我带来地面上的一些消息。从它的讲述中，我仿佛看到了一个丰富多彩的世界。我真的很想到外面看看，这种信念让我度过了无数个黑暗的日子。但老天爷似乎在和我开玩笑，无论我怎样努力，都无法再向上一步。

我知道我很卑微，我没有玫瑰花美丽，没有荷花清纯，没有牡丹富贵…… 但即使这样，我也不想一直待在土里。我热爱外面的那个世界，我渴望得到阳光的照射和雨露的滋养。所以，即使我的同伴们都放弃了希望，我仍在坚持。我相信终有一天，我可以破土而出，开出美丽的花朵，迎来属于自己的春天。

一天又一天过去了，我却迟迟没有任何变化。每一天的等待对我来说都是一种煎熬。我的心不住地颤抖，总是在一个个黑夜到来之际问自己：为什么今天还没有动静？难道真的只能一辈子待在这暗无天日的地下？随着日子的流逝，我不禁有些动摇。也许待在土里就是我的宿命吧。可我忽地想起玫瑰花告诉过我的那个美好的世界，那个我只见过一面就擦肩而过的世界。我真的，真的渴望看看那个世界啊！我还从来没看到过下雨后天空中的彩虹，从来没听到过鸟儿在树枝上唱出的婉转歌声呢……我不能放弃，因为还有那么多美好的事物不曾看到。我要冲出地面！

我深吸了一口气，使出全身的力气，怀着强烈的信念，向上钻去。顿时，我感受到一阵剧烈的疼痛，但我咬紧牙关，一往无前地向上伸展。忽然，我发现前方竟然透出一丝光亮，紧接着越来越多的光线透过土壤，射进这个幽暗的地方。我满怀希望再次奋力向上冲去。温暖的阳光轻轻洒在我的脸上，我呼吸到无比新鲜的空气，听到了鸟儿美妙的歌声。我看到下雨时天空一闪而过的阵阵闪电，也看到雨后的晴空悬挂着的绚丽彩虹。外面的世界如此美妙，但我并不因此满足，而是继续努力伸展腰身，向着太阳的方向生长。终于，在一个天刚刚亮的清晨，绽放出属于自己的粉红色花朵，我的花瓣上悬挂着一颗晶莹的露珠，只有我知道，那是我喜悦的泪水。

是对世界的热情和对生活的热爱，让我冲破大地的囚笼，展现属于自己的灿烂青春。

本文发表于《大江晚报》2018年1月4日 WBA09版 作文课。

芬 芳

◇ 柳 江

天空似无法刺破的油布，嗅不到白云的清香；地面被水泥层层覆盖，发着潮味的泥土香也被冲淡。然而心中只要有一片静谧的桃花源，生活里便处处飘散着芬芳，只要有一颗向阳的心，哪里都是馨香的故乡。

香樟——尘埃里的芬芳

澄澈的阳光从茂盛而芳香的香樟叶中倾泻下来，将一片片叶片打磨出了耀眼的光辉，一丝丝轻柔的醺风清扫，那令人安心的低语伴随馨香向教室中传来，语文老师在令人心旷神怡的馨香中捏着粉笔，不徐不疾地走下讲台，眼里时有光芒忽闪着，嘴角还缀有一丝惬意的微笑：“我们要像香樟树一样，永远向往着美好，即使低到了尘埃里，也要尽力散发芬芳，追求梦想。”我们把头转向窗外，在颇为文艺的气氛中，我们似乎领略到了那“芬芳”的深意。顶天立地，无所畏惧，那是香樟树散发的最美人格芬芳，涤荡着我们每一个人的心灵。

草莓——春天里的甜蜜

与好友相识在万物复苏的春天，我过生日，自然少不了奶油的浓郁甜香，以及巧克力的微腻可可，好友一份别致的礼物则飘着清爽又甜蜜的清香，渲染得身上都有了淡淡的粉红色，不单调却也不艳丽，刚刚好。我正诧异之时，见好友向我挤眉弄眼，眼神里满满的期待。我立刻会意，显出一副惊喜且心满意足的模样。嘴里说出的是言不由衷的指责，心里晕染开的，是千丝万缕的感动。

被草莓香所萦绕的我在心底反复念叨：“你就像草莓一样甜美，我不想自己看着落寞的世间，我只想有你在。”

柠檬——苦痛里的芳香

弯月勾破了黑夜墨香的斗篷，乍看下有股锋利如凌厉，群星隐耀，一如我看不到温柔阳光的征途，我嫌弃自己趴在桌上一遍遍演算却始终无果的笨拙，终扔下了笔，愤愤然端起手边的柠檬茶喝上一口，却被烫得差点跳了起来。我尽力使自己平静下来，煞有其事地做起了深呼吸，却意外捕捉到了一阵淡雅的香气，像初夏的雨滴淌下额头，徒增些许清凉。我似乎领悟了些什么，心变得澄净。前进的路上，有痛苦也有清幽的芬芳，体会到这清香的要诀是不忘初心，拥有披荆斩棘的勇气。在生活的过程中，只要保持一颗向善向美的心，美好的理想、纯洁的友情，甚至是夹着一丝苦涩的奋斗，都会有无尽的芬芳。

本文发表于《大江晚报》2018年1月4日 WBA09版 作文课。

词话凉夜的月

◇ 赵思雅

清风蕴含的《人间词话》，翻开了，点点落花，随着唐诗宋词的韵脚，落在心里。幻化成李白对酒当歌，疏狂图一醉；幻化成东坡庭中散步，郁郁而不得志；幻化成清照声声叹息，凄凄惨惨戚戚。那些种种是华夏千年璀璨文化的印迹，而伟大的国维先生用《人间词话》带着后人走进词话的凉夜，追寻千年的月光，蛰伏的心灵开始焕发活力。

词境，是词的面貌；而境界，则是人生的格局。这也是王国维先生最看重的东西，于是他在《人间词话》里浓墨重彩地阐述了人生的三境界。初读之时，愚昧的我领略的仅仅是诗词的大美，后听他人提及，竟发现自己对其不知，那凉夜的月光渐渐黯淡了。

有境界自成高格，自有名句。

“昨夜西风凋碧树，独上高楼，望断天涯路”，这是第一境界，这句词耳熟能详，出自晏殊的《蝶恋花》。作者写着秋景，却抒发着浓浓的哀思。晚秋的西风将碧绿的树吹得片片凋零，这是怎样的萧瑟？独上高楼，俯瞰天涯，这是如“一览众山小”般雄奇壮阔的心境。因此，第一境界是在迷茫中明确方向。登高望远，才能看清这世界。因此，无论是伟人还是平凡的我们，都要有追求，找到人生的月。有追求才会有目标，才会有后来的努力。迷茫并不可怕，扬起追求的航帆，自会乘风破浪。所以，“追求”是基础，是国维先生所论的第一境界。

“衣带渐宽终不悔，为伊消得人憔悴”，这是第二境界，出自柳永之词。当时，柳永官场失意，于是伫倚危楼，思念意中人，提笔洋洋洒洒地写下了这首词。柳永饱受思念之苦，而这第二境界也正是愁苦与艰辛。你可曾经历过雄心满满的开始，然后悻悻的结束？这便是人生的失意。而国维先生在这里是要告诉后人，当你一往无前地行进时，你会失去很多，但艰辛的同时要保持恒心和毅力，向着心中的月阔步前进。古今中外，我不禁想起了高尔基，他热爱写作，但当时的穷苦环境没有读书的条件，何来写作？他即使做活累得腰酸背痛，也会抽出时间看书，还常常在老板皮鞭的抽打下学写作。恒心与坚持让他成了著名的作家。在艰辛中保持恒心，为第二境界。

第三境界是辛弃疾的“众里寻他千百度，蓦然回首，那人却在灯火阑珊处”。

这是兜兜转转、苦苦寻觅后的喜悦，这是“守得云开见月明”的豁然开朗，这是经历了一、二境界后的顿彻。这样的喜悦或许可以比拟成学习中的恍然大悟。这蕴含着一点灵性，但更多的是努力后的丰硕果实。千百度的寻觅，蓦然的一次回首，才可看到灯火阑珊下的那人。也许国维先生要告诉我们的，可以用爱迪生的话来说：“天才是百分之一的天分加上百分之九十九的努力。”成功不是不速之客，因此，第三境界是经历百折千回后收获的月光。

温和地走进词话的凉夜，心动在唐诗宋词间。《人间词话》带我领略了不一样的人间。写到这里，你也许会明白这词话中的月光是璀璨的文化，是人生的追求，更是书本给予的启迪。

于是，我捧着《人间词话》，在静谧的黑夜，给心灵一方栖息之地，缱绻于大美之中。熄灭读书灯，满是一身月，就这样，做一个披着月光的人。随着词话的繁花，撒下遍地的智慧。

本文发表于《大江晚报》2018年1月11日 WBA07版 教育周刊。

华阴老腔

◇ 余明烨

再一次听见“中指咬破当墨水，龙袍扯破当纸张”“男子打仗到边关，女子纺织在家园”等悠扬老腔，不禁令人思绪纷飞。老腔之声，如锦帛迸裂，似玉珠落盘，声声入耳，透彻心扉，仿佛中国几千年的文化都浸润其中。

时隔多年，再闻老腔，少了几分初闻时的喧闹与繁杂，多了几分灵魂上的震撼与感动。“只有民族的，才是世界的。”那么，什么是民族的？绝不是风靡一时的潮流，而是在历史长河中沉淀的瑰宝。或许老腔之魅力就在此，不同于光怪陆离的金属音乐，老腔带着一份黄土的苍劲，含着一份蓝天的广阔，也不知是在这浩瀚的天地间孕育了多久，才能沾染那一缕浩渺。

梨园百花，华阴老腔给人以震撼，固然在于其不同于古典诗词磅礴大气之美，而在于其带有民间气息的朴素之美。老腔保留了传统的古朴气质，传承了传统的演奏技艺，融入了先民们的智慧淳朴民风。不张不扬、不浮不夸、不急不躁，它从自然走来，向人们展示最质朴的面貌，给人一种来自心灵深处的惊叹。霍洛维茨曾说过：“我用了一生的努力，才明白原来朴素才最有力量。”老腔的灵魂在于它的朴实。藏歌离开高原就失去了灵魂，二胡缺失了水乡就失去了灵魂，蒙调碰上狭隘就失去了壮观。老腔，亦如此。干燥的黄土吸走了浮华与虚伪，只留下朴素与自然。老腔的音韵唯有响于朴素的大地上时，才会给人以心灵上的敲击。在这里，天人合一，自然与老腔共鸣。

我们一直在追求外表的光鲜亮丽，追求生活的繁华辉煌，却独丢失了最深处的安宁。“给浮嚣以宁静，给躁急以清冽，给高蹈以平实，给粗犷以明丽，唯其这样，人生才见灵动。”我们需要精神上的充实，需要浮嚣外的宁静，需要传统文化的滋润，需要老腔这样愉悦心灵的陪伴。有时，慢下脚步，听一曲老腔，感受那质朴的自然，便会得到灵魂深处的洗涤。

本文发表于《大江晚报》2018年1月11日 WBA08版 作文课。

也提“清欢”

◇ 赵思雅

《人间至味是清欢》这部电视剧的名字倒是勾起了我的兴趣，在隐隐的熟悉中思索着，倏地忆起苏轼的一阕词：

细雨斜风作晓寒，淡烟疏柳媚晴滩。入淮清洛渐漫漫。

雪沫乳花浮午盏，蓼茸蒿笋试春盘。人间有味是清欢。

轻吟慢诵这阕《浣溪沙》，仿佛看到东坡与友人结伴畅游山间，倚柳赏雨，在农家炊烟袅袅升起的氤氲中以酒为伴，品尝山野小菜时内心的心旷神怡。末了，他赞这为“清欢”，倒是叫人神往如此滋味。

可这“清欢”究竟是什么呢？我曾苦苦寻觅。东坡与友人畅游觅得清欢，那我则与好友痛快游玩，岂不是也能尝此人间至味？

我没有多想便致电好友，投身于繁华喧闹的都市。夜晚，星月作妆点缀天际，华灯初上，满街的霓虹灯映照出一片绚烂。人群熙熙攘攘，不绝于耳畔的是小贩的吆喝声。我效仿东坡既吃又玩，尝了路边摊也去了电玩城。回家时，耳边依然是人群的喧闹，脑中满是玩游戏的痛快，衣服上也留下了小吃的痕迹。

我确确实实很开心，但这就是清欢吗？我想了想，却给出了否定的答案。不，这不是。东坡所言的清欢是如荷叶那般的恬静和放松，而我此时的心境却如熊熊燃烧的烈火。烈火被扑灭后只有几缕遗憾的烟，而狂欢之后内心也唯有空虚和寂寞。那样的喧闹不是我要的清欢。

后来读书时，发现林清玄将“清欢”道作“清淡的欢愉”，思忖片刻，内心的共鸣油然而生。是了，原来我与清欢早已邂逅！

春日里阳光灿烂的清晨，披着满身金光，捧着一本散文集坐在阳台的藤椅上。阳光透过稀疏的树叶漏下斑斑驳驳的光影，书页散发着淡淡的清香，那样的郁郁青青让我仿佛置身雨后的森林。树叶滴下大自然的琼汁，草木皆是焕然一新的翠绿，萦绕鼻腔的是泥土混杂在湿润空气里的曼妙芬芳。一回神，精神饥饿的我便沉醉于字里行间。那样工整而又密匝的汉字如跳跃的精灵蹦入我的眼中，带来的满是新奇和求知的欲望，那样的情愫就像一个孩子在绿茵草地上寻得一朵又一朵鲜花时的惊喜。格外优美的句段真叫我不知如何描摹那般境界。读散文，亦读唐诗宋词。我喜欢在唐诗里孤独漫步，赏静夜的秋月，坐于孤寂敬亭山，拾起诗人留下的经典；我钟情于走进宋词的凉夜，听清照的声声慢，观晏殊的蝶恋花。楼下街市喧闹，而我心如静潭，阅读的快乐让我觅得一份清欢！

我也喜欢在午后的小憩时光里插上耳机，阖上双眼，侧耳倾听钢琴曲。音乐总是神奇的，旋律撩动你的心弦，牵着你的手走进不一样的境地。听理查德《梦中的婚礼》，我恍若置身于庄重的教堂之中，西装革履的新郎挽着一袭白纱的新娘伴着轻盈的曲目，一步一步走向教父，听神圣的宣誓词，接受上帝赐予的幸福。听贝多芬的《月光》，如清澈流水般的旋律将我引入夜晚的河边，月光温柔地洒在我的身上。旋律激昂时，那条河水突然激起浪花，奔流前去，而月光却依旧那般柔和。有时听着听着便会进入梦乡，醒来时耳边依然是钢琴曲，伸一个懒腰格外轻松，心中的舒适与恬静也是一份清欢呐！

这下我算是明白了，原来清欢就是守在自己的小天地，洗涤心灵。没有大喜亦没有大悲，只是本分地享受着心底清淡的欢愉。

然而世间纷纷扰扰，年轻人更是穿梭于热闹场所，这份清欢也变得难觅。因为人心里的欲望多了，要求多了。不过，无妨，清欢就在那里。当你累了，疲惫了，不如卸下包袱，咀嚼生活的真味，跟随心灵的脚步，返璞归真，做一回自己，在污浊的世间洗涤纷扰的心灵，清欢也便到了……

本文发表于《大江晚报》2018年1月18日 WBA08版 作文课。

礼　物

◇ 胡蕊妍

上帝赐予了鸟翅膀，鹰用它翱翔蓝天，鸵鸟把它当作负担，企鹅把它用作鳍遨游于海洋之中。

我抬头看着天空，碧空如洗，优哉优哉的白云随着风儿飘荡，时而向东，时而向西，太阳高高地挂在天上，金色的阳光淡淡地投下来，一份礼物轻轻地放到我的面前，和煦的阳光给它镀上一层金边，烁烁发光，洋溢着青春的气息，闪到我心底最柔软的地方。

我第一次看到这本书的时候，并没有太多的感触，觉得它淡漠如画，静静待在那里，就挺好的。灰蓝色的封面上只有几个字，除去右上角那由几片冰蓝色叶片组成的简单装饰，就再没有什么吸睛之处，可就是这简单素雅的装饰，竟像是给我的心加了一件御寒的外衣，让我的心里热乎乎的，初次推开了我心底那冰凉而沉重的大门。

正如书的名字一样，每个回忆都值得珍藏，她拥抱着我们所有的文章，她轻声读出一个又一个来自心灵的文字，它看到了我们一年中所有的努力，她用她温柔的双手擦掉我们眼角流出的泪水，她记着我们最美好的回忆，她见证了我们青春奋斗的痕迹，她蕴含着我们师生之间最美好的回忆。

她带着一丝丝喜悦，带着一丝丝甜蜜，又带着一丝丝幸福来到这个世界，她接受了所有人的祝福。双手轻柔地抚摸，双眼深情地凝望，心里涌上一股甜蜜，多少个奋斗的夜晚，多少次不知疲倦的修改，在这一刻，在这一瞬间，都变得微不足道起来，心里那柔柔的甜蜜与温暖早已经占据我的身体，我的内心，那一篇篇作文，全部洋溢着青春的气息，向世界宣告：我们，是青春的主人！

于我而言，它不仅是一本书，更是一份礼，一种情。

一份礼物，教会我什么是“青春”；

一份礼物，教会我什么是“成长”；

一份礼物，教会我什么是“情谊”；

一份礼物，教会我什么是“感恩”。

“每个回忆都值得珍藏”——这是十几岁的我们，送给青春的礼物，更是送给正处于青春中的我们，最美好，也是最珍贵的礼物。

本文发表于《大江晚报》2018年1月18日 WBA08版 作文课。

揭开真相的帷幕

◇ 叶钊凝

伦敦的迷雾渐渐散开，黑猫跃上贝克街的矮墙，一个真相又将浮出水面，他的嘴角勾起一个难以察觉的弧度，还是那句话："有趣的案子！"

压低的高脚帽藏不住一双透着自信与敏锐的眼睛，仿佛没有什么能够逃得过这双眼，没有什么在他的凝视下，不展现出最真实的样貌。正是这双眼，看透一切事物的本质，撕碎一切浅薄的信条，揭开一切虚伪的面具。点燃的烟斗在空气中曲折绕回，渲染出紧张而又镇静的气氛，继而那道犀利的眼神划破寂静，如平静夜里的一声惊雷，"我看到了真相！"又有谁可以瞒天过海，在他的面前一切皆无处可逃！

便是他，即使存在于虚构的世界，亦永远作为一个传说，留在心中难以超越的存在——夏洛克·福尔摩斯。便是他，早已洞察一切，联想串着线索，严谨的推理早跃然心中。便是他，在一切事物中，仿佛都游刃有余。狡猾的凶手试图藏匿，但只要他开始追踪，我们就知道他终会成功。因为他执着不懈地追求，没有什么能难住他，没有什么能打倒他，因为他就是他，有着必胜的信念的他。

敢于尝试，善于思考，勇于提出新颖的假设，打破传统的思维观念，再结合实际与缜密的逻辑推理，真相的帷幕便已然拉开，常给凶手一个措手不及。小的细节中也暗含了错综复杂的线索，通过五个橘核，他能发现真凶，查出真相，可贵在于善于捕捉，放大细节，将零碎的线索关联在一起，描绘出真正的案情，推理出事件的经过。这便是福尔摩斯，一个不一样的福尔摩斯。

作为新时代的我们，在学习和生活的实践中，不也应该学习福尔摩斯的探索精神！坚定信念，坚持真理，敢于提出问题，保持冷静的头脑，最终锁定目标，抽丝剥茧，仔细寻找答案，在探索路上一路前行，直到达成最初的目标与梦想。

你，会是下一个福尔摩斯吗？

本文发表于《大江晚报》2018年2月1日 WBB03版 作文课。

爱，出现在漆黑的夜晚

◇ 周　睿

我趴在自家的阳台上，看着阴沉沉的天，听着窗外讥笑般的雨点声，忍着心中酸酸的情绪，想起了他。

他是谁？我的父亲。一个因工作而疏远了我的人，一个因养家而变得陌生的路人甲，一个因早出晚归而没有时间陪伴我的人。

父亲当初为让家里的条件再好一点，于是，他就准备找份工作——开车送那些抢修线路的人。我和妈妈一开始就不想让父亲去，因为实在太累了，而且周末都没有休息，如果在夜里出现紧急情况，爸爸还要半夜起来，去给那些维修电网的人开车。父亲有次到外地出差，回来的时候给我带了个沙漏，不知他是有意还是无意，这使我想到了一本书叫《时光里的承诺》。小女孩侯普跟她父亲在工地上四处游走，最后侯普的父亲走了，但他却给自己的女儿留下了一个装满承诺的沙漏。我的沙漏放在桌子上，却总是被人给调了位置，我问了母亲，母亲说她也不知道，于是我决定调查。

夜晚，我躺在床上，听着窗外雨滴声，接连不断的雨滴声让我辗转反侧，他还没回来。过了几分钟，我听见了有人用钥匙开门声。过了一会儿我就听见有人踮起脚在家中走路声，那声音很轻，却一步步踩进了我的心里。我房间的门被打开了。这时，我才注意到父亲回到家后，自始至终都没有开灯，难道就只是不愿意打扰到我吗？接着父亲便开始理桌子，我看见他先将沙漏等一些小的摆件放在一旁，再将散落的书依次排列好，放在了桌子的一角，就连桌上的草稿纸他都收拾得很整齐。他还细心地帮我将散落的笔都一一装进笔袋里，再转过身把我的被子往上提了提，帮我把窗帘拉上，小心翼翼地走了出去。我惊奇地发现他一直没有开灯，一直在黑暗中摸索。雨停了，可是我的泪水流了下来。

外面的鸟儿叫着，阳光从窗子照进我的房间，照在了桌子上，我知道父亲一定早就上班去了。而他在黑暗中给予我的爱，那个被染上金色的沙漏就是最好的证明。

本文发表于《大江晚报》2018年2月15日 WBA14版 作文课。

在感恩中邂逅温情

◇ 胡沁源

千变万化的大自然中，自然邂逅了春夏秋冬四季的变幻；浩瀚的宇宙中，星星邂逅了月亮，让它一生陪在月亮身边；梦幻的泡影中，无形的泡泡在空气中五彩缤纷，它邂逅了温暖的阳光和空气。万物生灵用自己的青春去感恩他们，而“邂逅”，多么美而奇妙的词语，它让无数生灵都找到了自己不期而遇的伙伴。

能在感恩中邂逅温情是多么美好的事，这件事还得从那个阴暗的下雨天说起。那天风雨交加，豆大的雨滴滴在五颜六色的雨伞上，“滴答，滴答”的声音甚是好听，当我走在那被雨水打湿的泥土上，时不时还可以看见那绿色的光芒在闪耀——那被雨水洗浸的绿叶。我和好朋友约好去看雨后的彩虹。我走在泥泞的小路上，那是通往森林的小道，因为下着大雨，地面特别滑，但是却能感受到大自然的魅力。很快我便进入了森林，头顶上全是树叶，郁郁葱葱的。虽然雨很大，却隐约听见人说话的声音，原来是我的好朋友。咦？这里居然还有一个不知从哪冒出来的木屋，不大，大约只有70平方米，看起来很朴素。原来她外婆家住在这里，她今天来看望外婆，顺便让我一起看看这里美丽的风景。她招呼我进去，木屋虽不大，但是很温馨，照片和油彩画布满了这间小屋。我礼貌地喊了她外婆一声奶奶，奶奶的微笑真的能让冰雪融化，语气是那么和蔼可亲。

雨停了，空气也格外的清新，小鸟在树林里鸣叫，大自然中的万物生灵就好像刚刚从睡梦中醒来。奶奶说要带我们去看一看风景，我天生好奇心强，对于这种事当然欣然应允了。我总是对新奇的事物充满好奇心，喜欢东看看西看看，我看到了雨后那隐隐的一道彩虹，藏匿在那山后，美丽极了。虽说我喜欢去外面的世界看看，可这也害了我，我不小心被一片叶子划伤了，原来叶子也有这么大的杀伤力，奶奶见了心疼极了，我见状便安慰她说不要紧。奶奶可不这么想，她看了看周围，笑了，笑得像一个十七八岁的小姑娘。奶奶摘了一片叶子，把叶子弄得粉碎，然后再弄一滴露水混在一起，放在我受伤的地方。奶奶说：“这伤口要是感染了那就不得了了。”我觉得没事了，但是奶奶还是把我拉回了小木屋，给我倒了一杯水，然后翻了半天，拿出了一个医药箱，里面只有一样东西——创可贴。奶奶的一双眼睛旁已经被岁月染上了无数皱纹，她的双手抚摸着我的脸，感觉温暖极了。她问我疼不疼，有没有事，还总是看我的伤口，好像盯着它就会快点好起来一样。

这间小木屋里到处都是温情，我从小奶奶不在身边，很少感受到这种关爱。谢谢您让我体会了如此美好的经历，这次的“邂逅”让我感觉到人间处处有温情。

本文发表于《大江晚报》2018年3月8日 WBB05版 作文课。

开在记忆深处的花

◇ 赵思雅

流年岁月从指间的缝隙中悄然溜走，但有些记忆的叠影交织在一起，时光永远不会抹净它的痕迹，因为有些人始终刻骨铭心，就像有些事从不会云淡风轻。深寻记忆的花圃，觅到一朵绽放在丛林中的花，它的学名叫亲情……

我和表妹是彼此最亲密的伙伴，却曾因为一个钱包而产生裂缝。那天，我在妹妹的房间里转悠，走到书柜边时，被一只钱包吸引了视线。我的眉头不经意间皱起：这个钱包怎么和我的那个这么像？我轻轻把它捧在手里观察，这样的质地和纹路我曾抚摸过多次，指间产生了不可言喻的熟悉感，我的心跳愈见加快。当我打开钱包，品牌的标识映入眼帘，我的瞳孔急剧收缩，这一模一样啊！我心跳落了一拍，接着我安慰自己，说不定妹妹也买了个一样的呢！无论我如何说服自己，始终无法掩埋“我的钱包已失踪多日”这个事实。

那一刻，我仿佛置身冰窖，四肢的麻木也让心冰凉。脆弱的我不堪一击，眼泪滑过脸庞。哭泣中，我看到一朵明艳的鲜花渐渐枯萎凋谢……

从那以后，我和妹妹的关系再不复从前，我们两人心照不宣地保持着距离。我们信任的桥梁已然崩塌，留下的是两人偶然交会但彼此疏离的视线。

春天到了，明媚的春光普照大地，可这样的相处，让我的身体不寒而栗。

命运是多变的，而每一件事的发生永远不会像预料的那样走，当它稍稍调头，一切又会翻天覆地。于是，当我在自己的床铺底下偶然找到遗落的钱包时，酸酸的痛感萦绕在鼻尖，后悔、痛苦蔓延进心脏。这一切都是一场误会！因为我的疏忽而丢失了钱包，又因为我的武断而错怪了妹妹。此时此刻，妹妹那一张灿烂的笑脸浮现在眼前，巧笑倩兮地对我说：“姐姐，我们去玩吧！”她眼里闪烁的光芒叫人无法拒绝。

我看到妹妹在花圃里悉心浇灌快要凋谢的花，而我却不见踪影。

还好，上帝愿给犯错的孩子一个弥补的机会。当天晚上，我便来到了妹妹家，妹妹还是一副想找我玩而又怯怯不敢的样子，大概是我前几日过于冷漠的缘故。我主动走到她身边，握起她的手，真挚地道歉。妹妹听后，小小的眼睛又笑成月牙，晃荡着喜悦。误会的迷雾此刻终于解开，我们也终于迈过了彼此之间的沟壑。

楼下桂花的沁香随风飘入鼻腔，而那记忆中的花儿终于开放……

本文发表于《大江晚报》2018年3月15日 WBB04版 作文课。

生活中的一朵浪花

◇ 王雨濡

人生如一艘巨大无比的轮船，在大海上驰骋，勇往直前。一些挫折，一些感动，一些深思，会随着浪花沉入大海。

傍晚，随着班主任研究完那“天书”踏出教室的第一步时，就回归了放学前的热闹。

外面下着大雨，夹杂着雪落在树叶上。上学时是明媚阳光，放学时身上已湿透，最后的一点热量也要消耗殆尽。“我妈来接我，你呢？”朋友来到面前问我。我扬起嘴角苦笑一声，无奈地摇摇头。朋友无意说出的话伴随着寒意钻进我的衣服里，冷得我打了个寒战，我连忙躲进湿漉漉的衣服里乞求能留下一丝温暖。记完作业，收拾好书包准备踏上回家漫长而又凄凉的路。

从前面跑来一个同学，龇牙咧嘴地告诉我：“你妈在校门口等你，她叫你快出去！”真的吗？她来接我了，不，不可能的，她工作那么忙。

突然，我看见一个熟悉的人影举着一把伞站在摩肩接踵的人群中。我不敢相信，揉揉眼睛，定睛一看，却找不着了。我铆足力气，大喊一声：“妈！”“哎，在这！”一个娇柔的声音在嘈杂的环境下显得那么微不足道，但是却像给我披上了一层厚实无比的棉袄。跟随着声音在人群中穿梭，寻找她的位置。

找到了，妈妈终于来接我了，我冲到妈妈身边抱紧了她。“你身体怎么这么凉，赶紧回家！”我不在乎这些，颤颤巍巍地说：“你怎么来接我了？”妈妈铁青的脸色就像顿时解冻的冰河，笑靥像春风中的涟漪，一圈圈地沿着鼻翼和眼角荡漾开来。“这么冷的天，我放心不下你啊！”妈妈拉着我的手，坐进车里，开车回家。

通过后视镜我看到，妈妈脸上不知从哪来了一道皱纹，是沧桑的经历还是奔波的劳累，我不得而知。一根白发夹在其中，如银丝般闪耀，它又时不时变成银针，刺痛我的心灵，并深刻地记下：“妈妈老了，但对你的爱却一直会氤氲在你的身边。”我的眼泪浸湿了眼眶，我赶紧擦干，怕妈妈看见，怕她操心。

这些感动，似人生的巨轮激起的浪花，以它小小的力量推动巨轮勇往直前。

本文发表于《大江晚报》2018年3月29日 WBA13版 作文课。

童年趣事

◇ 叶钊凝

海边的一枚小小的贝壳，在阳光的照耀下独自闪耀着绚丽的光辉，金黄的海滩上，一个稚嫩的孩子拾起它，珍藏在心底一个叫做童年的地方，如糖果，甜到我的心里，在回忆里，永不磨灭。

打开童年的匣子，翻看珍藏的回忆。

儿时的晴空，总是那么的湛蓝与明媚，干净到没有一丝的杂质，那么的纯粹。小手拉着大手，蹦着跳着去池塘边，和伙伴们抓小鱼。

清澈的溪水下，鹅卵石铺砌在底，戏游的鱼儿是那么无所顾忌，全然不知“危险”的降临。几个孩子左右对视，一齐点头，便由我当“前锋”。夏天的池水微凉，却快活得很。我小心翼翼地蹲了下来，慢慢伸出小手，在水下摸索起来。一条花白的鱼儿摇着尾巴，游进了我的“领地”。几个小伙伴憋不住，眯着眼笑了起来。哪知这一笑，惊动了我的鱼儿，它飞快地蹿了出去。我一个猛抓，却落了空，差点一个踉跄摔倒。

我有些懊恼地看着几个小伙伴，他们全都心慌地低下头。“别这么快就放弃！”我抬起头说。可哪有那么容易，鱼儿早已吓得四散游去。时间在圈圈涟漪中四散开来，缓缓而过，脚已有些发酸，可我们几个孩子硬是执拗着不动。终于，有些放松的鱼儿再次大摇大摆地闯了过来。说时迟那时快，我找准时机，再打开手时，就是一条火红的鱼儿。“耶！”我们胜利地大叫。鱼儿在手心扑腾，长长的尾巴用力摇摆着，像是要挣脱，重回水中自由嬉戏。几个孩子相视一笑，我轻轻地蹲下，把它放回了水中。

“做条自由的鱼儿。”或许那时的我们都是这样想。

抓鱼的乐趣将永珍藏于心底的篇章，永不消逝的是记忆，在童年的曲调里，一件件趣事串成一曲优美的华尔兹。

趣事的甜，如糖果，如童年。

本文发表于《大江晚报》2018年4月28日 WBA10版 作文课。

难忘竹香

◇ 阮　欣

春风携雾雨款款而来，包裹了整座孤独的城。

眨眼间，清明时节又如期而至，带来满间哀伤，穿梭在寂静的幽巷。而记忆中那抹竹香，却愈发浓郁，沁人心脾。

记忆中那个倔强的小老头总是佝偻着身子，皱着鼻子，不嫌累地踩着大脚丫“啪啪”到处逛，好似精力满倍似的。那双曾经像碧蓝碧蓝的天一样明丽清澈的眼睛已经浑浊，可却总盛满荡漾着的笑意，瞅着小小的我叫“外公”。

外公的家被竹子环绕，绿莹莹的竹子将外公家简朴的老房子呵护在林中，一条蜿蜒的路顺着道，似上天无意的勾画，染出了林外，隐隐可见远处零碎的村落。春风拂面，一只圆润细腻的手，浅浅拨弄竹林，竟留一片余音和缭绕竹香。平时，我们都很忙，只有在节假日，才能踏着这羊肠小道，去见见满面褶皱的外公。

从小我便是喜欢去外公家的，不为别的，就为那些小零食。满头银发的外公总有本事抓来各种吃的：或是咸津津的坚果，或是越吃越香的瓜子，又或是粘牙的大白兔奶糖。实在是无趣时，我就觍着脸哼哼，央求外公陪我玩。外公也不恼，笑眯眯地龇着吸烟吸出的大黄牙，大手一揽，将还扎着两条小羊角辫的我轻轻松松地抱在怀里，带我出去玩。他喜欢带我去乡下拥挤狭小的便利店，丰腴的女店主吃力地在昏暗杂乱的铺子里穿梭，贪吃的我犹如一只长着蓬松毛发的小松鼠，灵活地在柜架间走走停停。最终，外公用长满老茧的大手拢住我肉肉的小手，带着心满意足的我回家。夕阳拉长了我们的影子，也点亮了外公慈祥的笑。

外公去世前的那天，我听到这个消息，连忙从芜湖赶回去。阴雨绵绵的天气，竹子衬着外公黑白的遗像，我，没能来得及见外公最后一面。而那个永远笑呵呵的糟老头却不见了，竹叶摇曳，似这最后的悼歌。

这年春节，我又回去看了看那片竹林。林子仍在，绿得似能滴出水来。可我没能进入外公的故居——房子塌了，杂草从梁上长出来，很绿。不由得，内心似有丝丝缕缕的悲哀不断地延伸。记忆中的老人，好像仍在那儿，歪着头冲我笑。

雨丝连绵，缠绕我心，忽的，想起那片竹林，那个人，那抹竹香……

本文发表于《大江晚报》2018年4月28日 WBA10版 作文课。

遇见顽强

◇ 谈子珣

风，带走了记忆；雨，淡化了痕迹。但这样的遇见紧紧缠绕于心，久久不能忘怀。

期末考试没考好，我陷入了焦灼。成绩刚出来的那几天，我总是呆呆地坐在窗前飞扬着思绪，突然，注意到了你。几周前，你长出了嫩绿的新叶，出于好奇，我给你浇了一些水，就没再注意你。现如今，你已长出了淡粉色的花苞，虽不惹人注目，但包含着你的艰辛和汗水。

蓦地，脑海里闪现出冰心的一句诗——“墙角的花，你孤芳自赏时，天地变小了。”只不过，你是桃花，傲视一切的桃花，生长在贫瘠的墙角，我几次都想忽略你，但目光总聚焦在你的身上。“唉，我还有什么资本傲视一切呢？”我自言自语道，“怎样才能提高成绩呢？”

夜晚，月黑风高，开始只是牛毛细雨，后来雨越下越大，似瓢泼，似倾盆，我忍不住透过窗来看你。你被风雨摧残着，在风雨里无助地挣扎着……清晨拉开窗帘，向外望去，你那嫩绿的叶子不知掉了多少，但花苞依旧顽强地生长着，再仔细看，只见你柔弱的枝条上又多出一个花苞，生机勃勃，我心中的敬意油然而生。

没有想到，你的生命竟是如此坚韧顽强，如此有斗志。花儿尚且如此，我还有什么理由沮丧？那一刻，我的世界春暖花开。

霎时，我的心中拂过一阵春风。心旷神怡，万物竟是如此可爱。风雨？考试失利？那算得了什么？只要努力学习，总有理想成绩在等着我！

再看书本上一个个冰冷的文字，已经变成一只只美丽的蝴蝶；窗外的你，依旧在傲视一切。我庆幸遇见你，遇见顽强。

本文发表于《大江晚报》2018年4月28日 WBA10版 作文课。

妈妈的手

◇ 汪思航

又是一个为作业奋斗的夏夜，习习凉风，夹杂着樟树的香气，吹得上眼皮实在懒得撑起来，索性与下眼皮来了个亲密接触，直接趴到还未写完的作业堆里沉沉睡去。

不知过了多久，上眼皮和下眼皮终于恋恋不舍地分开。一双纤细洁白的手缓缓进入了我的视线——是妈妈。她正用毛巾轻轻擦去我头上渗出的汗珠。

“醒啦？”妈妈温柔地问，“刚刚看了你的作业，是有点难度，你要是实在不会写，我来教你吧。”

“哦！”我漫不经心地答道，“你讲吧。”

看着妈妈纤细的手在纸上快速地写着画着，我不禁疑惑——不是说母亲为子女操劳，手上会有很多老茧吗？为什么妈妈的手，这般洁净呢？哼！估计妈妈不太关心我，没有为我做多少事情。

妈妈看着我发呆的神情，笑着说：“太难了是吧？我给你倒杯水凉着，缓一缓再做吧。”说完转身去了厨房。

“呀！好烫啊！”我赶紧跑到厨房，看着妈妈刚刚还是细嫩的手，瞬间变得又红又肿。

我急忙拿了冰块给妈妈，“你怎么这么不小心啊！”“是我太急了！太急了！”妈妈憨憨地解释。

想想，就是用这样一双漂亮的手来为我操劳的妈妈，不更是一种默默无闻的伟大吗？想着刚刚妈妈为我擦汗，为我讲题，给我倒水喝，还烫伤了手，而我却漫不经心地对待，真是愧疚。

突然好害怕看到那双手慢慢变老，添上皱纹，生出老茧，又变得臃肿难看。感动如莲花的花瓣，一点一点向外绽开，噙着豆大的泪珠，渐渐地，眼前湿润了，我的心更湿润了。

我只希望时间不要嫉妒这双手，不要让她苍老粗糙。我更为有双纤细漂亮的手的妈妈骄傲，因为她的操劳，隐忍沉默而不张扬。

本文发表于《大江晚报》2018年5月12日 WBA10版 作文课。

醉意人生

◇ 孔方钰

鲜花枯萎，芳华易失，一切皆转瞬即逝。漫漫人生，醉意常在，唯有感动，方能不朽。我们沉醉于此，为“美”而微醺。

醉在古诗词里

手上的书页散发出木与墨的香，翻动的声音“沙沙”的，像是风吹过树梢，挑逗着树叶。手下的《诗经》仿佛在歌唱，那是亘古的，穿越时空的美。像羽毛一样，那千年的诗词在心中盘旋，飞翔，姗姗而落。从《尔雅》到思无邪的《诗经》，到唐诗宋词元曲，千年的时光缓缓流淌，串起那遗留在时光深处的美。一句“上邪”读不尽那“乃敢与君绝”的勇气；“千年生死两茫茫”，是子规啼血的“肠断处”；又是哪位将军在挑灯看剑，帐外则是“落日照大旗，马鸣风萧萧”……诗词像一面鼓似地击打着我的心，时而温柔，时而澎湃。我面对它们，亦端坐，殇时光之逝，殇美之遁藏。若是去做朝花夕拾的事，那只是单纯地留恋美，醉在其中。

醉在音乐里

是谁，操着吴侬软语，浅唱情词声声慢；是谁，在无声的世界中，奏出华美乐章；又是谁，用低沉的嗓音，专注地唱出那首歌。无论是古时秦淮河边的浅斟低唱，还是中世纪贝多芬的《命运》，抑或是现代的流行音乐，都不由得想起一个美字。戴上耳机，将外界的声音屏蔽，音乐缓缓流淌出来。是怎样，才能创作出那样美丽的词句，那样轻柔的旋律。像流水着落花流淌而过，韶华飞逝。纸张会缺残、泛黄，墨色也会老去，而那乐声，则会传唱在人们口中，久久不散。不论语言是否相同，音乐同样令人感动，乐之美，让我醉在其中。

醉在繁花中

无论什么季节，自然都是美的，而最美的莫过于繁花了。细数，春夏秋冬，每一季都有花开。春还未到，花儿却先到了。鹅黄的迎春花缀出了一片春色，不过多时，娉婷的荷花就立在了池塘中。当它的淡香逝去，也不必悲伤。风起时，桂花的香扑来，桂花雨也轻轻盘旋；而在银白的冬天，你是否又看见了那火般的梅花呢？

就这样岁月与花纠缠不清，随着花的轮回，时光悄然远去。那些开在时光深处的花，使我沉醉其中。

这世上的美无处不在，皆让我无比沉醉。只是惊鸿一瞥，便已醉了。我醉眼蒙眬，看见远方山河的光，看见光下你的倒影，还有吉光片羽的美，大梦春秋一场。

这春秋便就过去了，和你一起。

本文发表于《大江晚报》2018年5月12日 WBA10版 作文课。

青春风景线

老师的武器

◇ 虞昕璇

在学校这个“江湖”上，如果没有什么拿得出手的本事，可是很难立得住脚的。所以，每个老师都各具一种绝世武器，老师的一举一动都在宣告着你的命运。

孔雀翎

一种最神秘、最危险的暗器，可谓是杀人不见血。使用时，孔雀开屏般，可以震撼整个江湖。

孔雀翎，就是数学老师那令人“永生难忘”的眼神。犀利的余光一扫，你一旦溜号就立即被击倒，只能向老师投降；起立，抬头，挺胸，回答问题。当你心惊胆战地说出正确答案后，老师那高深莫测的眼神慢慢移到你身上，一脸怀疑，你就蔫了，犹豫再三，改了答案，看着老师脸上渐渐浮起的笑容，心中暗喜“小命保住了”。在老师宣布完正确答案后，便面如死灰，心中那叫个苦啊，等着下课“喝茶”吧。

长生剑

这可是一把闪着夺目寒光、削铁如泥的绝世宝剑。

在学生眼中，老师手中的红笔便是长生剑。一个圈，一个叉，你的好日子就到头了。语文老师手中的红笔，可以说是“杀人”于无形之中，平时可要小心一点啊！你要时刻提醒自己：脚步轻一点，表现好一点。否则，一句评语会鲜红地印在你的联系册上，那时家长可就要到学校面谈了。

碧玉刀

通体翠绿，寒意逼人。幽光一闪，应声倒地……

“江湖”上任何风吹草动，都不可能逃得过班主任的耳朵。如果你干了什么坏事，奉劝你最好主动负荆请罪。要不，就等着班主任那一番暴风骤雨的洗礼吧。

或者你试图掩盖事实，以为风雨已过，正当得意之时，老师的“圣旨”传达下来，你不用说我也知道：你的内心是绝望的……再从办公室出来时，同学们都能看到——双眼发直，步伐沉重的你，拖着僵硬的身体又重回“江湖”。

老师对武器的使用方法，可谓是烂熟于心，不过你可要感激老师的用心良苦啊！为了让我们能在“江湖”上出类拔萃，成为“一代霸主”，老师们可是想尽了办法，使出了浑身解数，付出了数不尽的汗水。

本文发表于《大江晚报》2018年6月2日 WBA10版 作文课。

颂　“影”

◇ 叶钊凝

是否有一个人，在你跌倒的时候摸摸你的头，轻轻地将你搀起，以甜心的糖抚慰你心中的委屈；是否有一个人，在你抱怨书包的沉重时，利索地接过你的背包，笑着说不重；是否有一个人，在你注目远眺，摇头说无聊时，为你说起童年趣闻。

是你。

笔直的背影

学步时的稚嫩，听你讲起。咿咿呀呀，像刚出笼的小兽，雀跃着高抬起脚，是初学时的兴奋，小小的石子绊了我，脚尖勾起，胖乎乎的身板一个踉跄栽了下去。“哇——”传来一声声孩童的啼哭，是娇嫩掌心磕破的痛。你慌忙跟了过来，小心地搀起我，拍落我身上的尘土，拭去我眼角溢出的晶莹的泪珠，递给我一颗甜心的糖，轻轻说：“乖乖，不疼哦！”这句话像是有什么魔力，我停止了哭泣，拉着你的手。至今在我脑海中挥之不去的，是你笔直的背影，或许是这，才让我安心。

微驼的背影

迈上一个台阶，是孩子们的王国，也是小苗汲取营养的地方——我的小学。每每放学，总觉得肩上的负担多了几分、又多了几分。皱着眉，嘟着嘴，不满肩上压着一座大山——书包。你接我回家的路上，我总是走得很慢很慢，你催促我快些。我抱怨：“多重的书包啊，怎么走得快？”你笑了，利落地接过我的书包，挎在肩上。依稀记得你的肩沉了一分，却听你说：“明明很轻！”那时，天真地认为你就是大力神，却没有在意你已微驼的背影。

弯曲的背影

周末来到你的家，最满足的时光就是听你坐在椅子上讲起我幼时的事。你弯着背，伸手拿起老花镜轻轻戴上，喃喃地告诉我关于我童年的趣事。你说那时候的天空真的很蓝……我入神地听着，不厌其烦，却没发觉，我的眼中，升起了一团雾，雾先凝成水珠，竟不自觉掉了下来，三两滴，流进心里，成了一汪大海。我的成长，你的陪伴。你的背影啊，变得不再笔直，但在我心中依旧宽阔，依旧是我最依赖的港湾。

是你啊，我亲爱亲爱的奶奶！是什么时候开始，看到你头上银白的发，是什么时候开始，关注到你眼角的细纹。我亲爱亲爱的奶奶，是你的背影，温暖着我的心田，我永远不会忘记。

天空下起了雨，看着你一天天弯下的背，泛起的，是我的泪花。

本文发表于《大江晚报》2018年6月13日 WBB04版 作文课。

遇见幸运

◇ 汪锦诚

“困难”“花朵”“幸运”，三个看似毫无关联的词，在某个特殊时间，仿佛可以紧密地联系在一起。

时光就像淘气的孩子，在你不经意间从指尖悄悄滑过，不留痕迹。但，那样的遇见，让我难忘。

记得那是一个大雨滂沱的傍晚，教室里的其他同学都走光了。我正在做数学题，窗外豆大的雨点仿佛一个个小精灵，敲打着窗户，“叮、叮、叮”……发出悦耳的响声。

突然，一道奥赛题挡在了眼前，复杂的几何图形好像以骄傲的眼神打量着我，一个个字母好像在对我说：“笨蛋！你做不出来的!”我被这道题激怒了，拿起笔，一遍一遍地分析，一遍一遍……10分钟，15分钟，20分钟过去了，秒针已在钟面上整整走了20圈！我愤怒地咬着笔杆，两眼怒视着草稿纸。

雨下小了，但更加密集了。那沙沙的声音直刺我的耳朵，惹得我心烦意乱。我一摔笔，起身走到窗边，准备关上窗户。

忽然，一抹红色在风雨中摇摇欲坠。我扶了扶眼镜，定睛一看，原来是一株红色的玫瑰花，如绣花针般细密的雨珠疯狂地向它刺去，它在风雨中摇摇晃晃，已掉了数片花瓣，可它仿佛永远也不愿低下那倔强的头。不知何时，泪已布满眼眶，看着被风雨折磨却依旧坚强的玫瑰，我的敬意油然而生。

暴风雨中的玫瑰依然能坚强地挺立，而我呢？我走回座位拿起笔继续演算，如有神助，我瞬间找到了突破口，解出了答案。

我再次走到窗边，雨已经不再那样肆虐了。窗外的那朵玫瑰挺立如初，正向我绽放出美丽的笑脸。再看那道奥赛题，已不再用骄傲的眼神打量我了，那图形好像在对我说：“你真棒！遇到困难了，坚持下去，胜利就属于你!”

我真庆幸遇见了你们——困难、花朵，你们让我遇见了幸运！

本文发表于《大江晚报》2018年7月11日 WBA12版 教育周刊。

掌心向上 拥抱阳光

◇ 赵思雅

我一直是个不太幸运的女孩。

抽中奖的幸运儿永远不会是我，关键时刻的抉择刹那间总是让成功与我擦肩而过。唤作幸运的那一束阳光似乎从不会庇护我，以致我万万没有料到那日爬上庐山的幸运儿竟会是我。

那天，清晨的雾霭久久弥漫着，天空似乎还有无尽的睡意没有退去。我们一家披着微弱的朝霞，早早来到了庐山脚下。庐山深沉如长者一般，它巍峨的身躯让渺小的我望而生畏。看着爸爸妈妈跃跃欲试，我知道是必须要上去走一遭了。无奈中，隐隐看到一束阳光笼罩在他们雀跃的脸上，而我却是灰悻悻的孤独。有时，我也想拥抱那束阳光，却不够幸运。

庐山以湿、滑著称，特别是在清晨，茵绿的苔藓遍布潮晦的石头，密匝匝的露珠闪闪发光。四周云雾缭绕，我们仿佛置身于云海之中，阳光好像越来越远。快到半山腰时，我的脚似乎灌了铅，再不肯往前一步。可是，意外的，心里有一个小声音“叫嚣”着：向上！

内心的一股力量敲击着心脏，然后开始蔓延，迸发到每一处关节。直到那股力量笼罩着我，我开始向上，一直向上，毅然决然，我想拥抱山顶的阳光！

终于，在某个高度，我抬起头，眼前的景象让我刻骨铭心。云幕之外，太阳装扮得遍体光鲜，璀璨、浩然地照耀着。一小时前还困着我的那团云雾，此时成了周身泛着惨白微光的云海，预告阳光已经梳妆整齐，专等开幕。我张开双臂，掌心向上，似乎刹那间拥抱到了阳光，它神秘的吸引力让我内心翻腾着潮水，海波咆哮。

这时我才明白，幸运与成功并不完全挂钩。阳光就在更高处，它一直都在，没到那个高度，你不会遇见它。

人的一生难免会遇到苦难，此时困惑你的那团云雾也许是一道你尚未发现的风景，别把不努力造成的后果转嫁到不幸运上。命运有着大大小小的挫折，人世充满冷暖凉薄，成功暗藏玄机，只要你迈开双脚，掌心向上，阳光便不期而遇。

本文发表于《大江晚报》2018年7月25日 WBA15版 作文课。

复前行

◇ 蒋欣瑶

抱怨身处黑暗，不如提灯前行。——题记

我捡起一块石头，朝水中央的月亮砸了过去，刹那间，满池小星星闪闪发光。

岁月打了个哈欠，我仍在铺满绿意的青春征途上——复前行。

披星戴月向前行

亮着的橘色灯泡，浮在夜色里，像少年惺忪的睡眼。

我挠了挠后脑勺，盯着这道难了我已久的题目，咬了咬嘴唇，在草稿纸上反复演算，不断出墨的笔尖与粗糙的纸面摩擦发出的沙沙声响，在静穆的夜晚的映衬下显得尤为清晰。

忽然，我的大脑像是被大电流通了电，思路清晰，战胜了这只“魔兽”。

夜空深邃依旧，圆圆的月亮光润银白，是我披星戴月向前行的见证者。

风雨交加阻前行

乌云很快聚拢在黝黑天空的边缘上。

我望着手上的试卷，那血淋淋的分数像是张开大嘴嘲笑我。眼底是还未消失的黑眼圈，难道我的努力都要这样付诸东流了吗？

风在咆哮着，挣扎着，好像一只落在网中的野兽。

那晚很静。孤独的风见证了我的落寞。

阳光相伴复前行

东边透着一点淡淡的蟹青。

考试失利的第二天一早，我揉了揉视线模糊的双眸，一转身便看到了贴在床头的字条：“‘长风破浪会有时，直挂云帆济沧海’，考砸了算什么？努力才是王道！我儿好好干啊！”

我看到了字条下面的小拳头，那像是一股洪流，鼓舞我正视挫折，勇往直前。

我笑了。密密的云层缓缓散开，钴蓝色的天空下，灰暗潮湿的日子开始迸发出光芒。

大雨没有浇灭花朵尽情吐出的鲜红色彩，那些停靠在花草上的蜻蜓把翅膀铺成闪光的徽章，蝉声清晰而悦耳。

我在青春的漫漫征途上，不回头，自此一路繁花，复前行。

本文发表于《大江晚报》2018年8月8日 WBA14版 作文课。

岁月凉

◇ 孔方钰

时光翩跹，岁月像清凉的流水一般从指缝流过，流尽之后，便只剩下了手中与心中的一片凉。

又一次走到这条街上，一切是熟悉得不能再熟悉的事物。走进车站，等车。用漠然的眼光看着从我面前走过的行色匆匆的人们，饶有兴趣地看着他们脸上的神情。无聊地打了个哈欠，头微微抬起，看向马路那边门面二楼挂着一只肥肥的加菲猫，上面沾满了灰尘。那间门面显然已经关闭很久了。我眯了眯眼，似乎有些眼熟，之后，便是纷至沓来的回忆……

“妈，我们周末去这里看看吧！”我凑到妈妈面前，笑嘻嘻地指着报纸上几个斗大的“猫咪咖啡厅”说，“可以在那儿吃东西，还有好多小猫咪，我可不可以去呀?”我最喜欢毛茸茸的小动物，妈妈毫不犹豫地答应了。

“猫咪咖啡厅”店门口是一个车站，车还没停稳，我的心就沸腾起来了。店面临街，有许多人来到这里。我盯着二楼的那只肥肥的加菲猫，心情激动得难以形容。来到二楼，一个迎宾小哥哥站在门外，笑着对我们说：“欢迎光临！”然后将目光转到我身上：“你还没有十四岁吧……”终于，我还是因为不到十四岁而不能进入，即使有妈妈陪同也不行。我站在门前良久，看着门内的人们与猫咪玩耍，不由得有点委屈。临走时，那位小哥哥又送给我一张明信片，上面是一只打着瞌睡的猫咪。等我长大了，就可以进去和猫咪玩了，我暗暗地想。

后来呢，就没有后来了。生活中的小事太多，一想起就如同被面前公交车扬起的灰尘无端地迷了眼，索性也不去想了。

站在公交车上，我茫然地望向窗外，橘红色的加菲猫从眼前一闪而过。公交车开得不算快，也并不慢，够我仔细看这条街。明明如此熟悉，却又感觉有点儿陌生。耳边声音嘈杂，我将记忆中的东西与眼前的景象努力地对上号，可是，几乎无能为力。变得太多了。

无论是人、物，还是店铺等标志性的东西，随着岁月的流逝都会或多或少地有所改变。岁月的残忍，在于它总是喜欢每时每刻像是与你开玩笑一样改变着。直到最后，物是人非。不过好在它总会留下痕迹，告诉来者它曾经的模样。

下了车，清凉的风迎面吹来，头发飞舞着穿过我的指间。我抬头看看苍青色的天，又看向不远处的小区，微微欣然，总还有一些东西没有变。想着，我轻快地向家的方向走去。

世事变化莫测，我们都习惯在那被薄凉的岁月割成一片片的流光碎影中找到那唯一的暖。

本文发表于《大江晚报》2018年8月15日 WBA14版 作文课。

每个人心中的一亩田

◇ 王雨濡

“我要像蜗牛一步一步往上爬，在最高点乘着叶片往前飞……”——题记

一次次信心十足地走上绿茵场，却又一次次在比赛之后扣着失败者的头衔失望离去，在绿茵场上留下两颗豆大的银珠——一颗是汗，一颗是泪。

以倒数第一的成绩结束了低年级组的足球赛，我们想过放弃，想过退缩，不愿再一次踏上绿茵场，不愿再揭开那失败者的伤疤。

这时候，你加入了足球队，你虽然不是踢得最好的那一个，却是最听从教练和队长指令的那一个。你知道了之前不堪回首的成绩，也知道了全队的精神状态，来到我身边说：“我们一起努力吧！还有最后一年进入高年级比赛，比赛后就要毕业了，你不想在青春的记忆里留下一道永久的伤疤吧？”

“雨露之所濡，甘苦齐结实。”这不就是父母赠给我最好的寄愿吗？虽然天赐雨露相同，而果实甘苦有别，相信我们可以凭借自己的努力，开垦出我们心中的一亩田。

这一年是改变的一年，是努力的一年，是证明自己的一年。

一晃，这一年在足尖和皮球一次次的碰撞中悄悄溜走，高年级比赛如约而至。

我双眼仰望天空，单手握拳不停地捶打着胸口，为自己打足信心，和我们的足球队再一次踏上绿茵场，这是我们的表演时间。我们聚在一起，一声惊天动地的“加油”是不甘落后的气魄，是蓄势待发的磅礴，也是地上的小水洼泛起的阵阵涟漪，更是心里那团燃烧的烈焰。面对曾经的对手，我们的动作行云流水，气势如一只觅食的猛虎，将对手各个击破。

“好一只精神焕发的队伍，必定前途无量！”对方的教练也忍不住惊叹。

我们一路过关斩将，拿到了半决赛的入场券，那时我们是多么兴奋啊！但是刚刚看见胜利的曙光，却因为一场流感让这支队伍在比赛中精神不振，拱手献上了冠军的荣誉。

“我们不后悔，至少我们努力过，低年级组的伤疤又能代表什么呢？我们最后还是开垦出了自己心中的一亩田！”你在赛后总结中说。紧接着，我们毕业了，也离开了队伍，这是最好的寄愿。

这次努力之后的飞跃，证明了面对困难我们都可以做到，在心灵深处留下了一亩田的美好记忆。

本文发表于《大江晚报》2018年8月15日 WBA14版 作文课。

茶虽苦 苦尽甘来

◇ 姚静萱

夏天的下午一向是闷热的，每到这个时候，风也是沉重的，仿佛要把所有生灵压得喘不过气来。

夏天像热情奔放的异域舞娘，一头乌黑发亮的长发垂在身后，身上挂着炫目的金银饰品，扭着杨柳般柔软的细腰，唱着激昂的歌，她的光彩夺目让所有艳丽的花儿都黯然失色。我向前走着，树荫已到尽头，耀眼的太阳刺得我睁不开眼睛，它炙热的光芒灼烧着我的皮肤。我拉着脸郁闷地自语："今年夏天为什么这么热呢？"

终于躲过了太阳火辣辣的射线，到教室了，我猛然想起，今天是特别的，是我们全体同学在这个班级里逗留的最后一天了，到了明天，这儿的一切喧闹便不复存在了。天下没有不散的筵席，想到这儿，我一时变得有些忧郁，默默地坐在自己的座位上，抬头望望其他同学，皆是一副有些沉重的表情。这时，班主任走进教室，身后跟着两个人，那两个人一人抱着一个大纸箱子，放下便急匆匆地走了。"今天大家就毕业了，我请大家喝茶。"

听了班主任的话，同学们又沸腾起来了，大家都一脸好奇地望着她，不知她葫芦里卖的什么药。我们每个人都拿到了茶和吸管，茶是冰的，特别爽口。大家咂巴着嘴，叽叽喳喳地互相谈论着："茶好苦啊！""我这杯味道好淡。""你的甜吗？""我们的不一样哎！"

这时班主任清了清嗓子说："同学们，今天你们就毕业了，以后的路还很长。你们会遇到很多难事，茶虽苦，苦尽甘来，只要我们在遇到挫折时不轻言放弃，就一定会战胜它、击败它！记住，每一个不曾起舞的日子都是对生命的一种辜负。"话音刚落，一阵掌声骤然而起，同学们都一脸认真地望着班主任，有的同学竟忍不住热泪盈眶。

是啊！茶虽苦，苦尽甘来，若没有那涩涩的苦，怎来那丝丝甘甜？人生便如一盏清茶，刚喝下时苦涩难忍，可苦味过后则回味无穷。在人生的道路中，遇到挫折是不可避免的事，但在遇到挫折时，如果我们自暴自弃，那就是彻底失败了。所以，在这个时候我们仍要鼓足勇气，大步迈过挫折。只有努力付出，才会迎来回报。

"茶虽苦，苦尽甘来"，我会永远将这句话铭记于心。

本文发表于《大江晚报》2018年8月22日 WBA14版 作文课。

一堂“甘甜”的体育课

◇ 胡瑞阳

微风拂过，一片枯黄而无助的树叶在枝干上哆嗦着落了下来，划过我的脸，之后又落在了地上。

这片树叶将我的思绪从天马行空的幻想中拉了回来，回到我正在卖力跑步的躯壳上。明明都入秋了，可天气却依然如盛夏般炎热，偏偏又让我们遇到如此严肃的体育老师，竟让我们在这种天气跑1 500米，真是让人叫苦连天。

平时，大家一下体育课就要喝很多水，恨不得搬一箱水来上学，好在班主任准许同学们多带几瓶水，可却不给带甜食。剧烈运动后容易产生低血糖，不给带甜食上学，这让很多爱犯低血糖的同学受了苦。这不，一上完这堂体育课，有的同学就互相搀扶着到厕所呕吐去了，然后赶紧回教室喘口气，顺便喝点儿水。

正在同学们抱怨这辛苦的体育课时，只见体育老师来到了教室，手里还拎着一大袋东西。等同学们到齐后，他说：“我知道有很多同学剧烈运动后容易产生低血糖，该补补糖分才行。我带了一些糖果，大家一人分一颗吧！”

听说有糖吃，同学们立刻都来了精神，争先恐后地争抢起来，每个人的手中都分到一颗糖。大家都小心翼翼地捧着这颗糖，好像糖纸里藏着一个珍贵的礼物。撕开糖纸，糖果香甜的气味立即在整个教室弥漫开来。同学们开心地将糖放进嘴里，糖果入口即化，香甜味儿充溢在口中，许久挥散不去。安静了片刻，同学们的脸上露出满意的笑容，不一会儿，同学们又雀跃起来，教室像葱花炸锅一样热闹欢腾，几名调皮的男生更是又蹦又跳，之前教室里死气沉沉的景象荡然无存。这时，我忽然想起了什么，目光穿过大家晃动的身影，看向体育老师，他正一边吃着糖，一边微笑地看着大家。我突然发现，体育老师并不像以往那么严肃了。

放学了，同学们都带着开心的笑脸和口中的丝丝甘甜离开学校，我当然也不例外。我发现，一节辛苦的体育课，换来这丝丝甘甜是多么值得啊！心中突然觉得，有了这挥散不去的甘甜，从此以后就不怕吃苦了。

本文发表于《大江晚报》2018年8月22日 WBA14版 作文课。

我的承诺

◇周　冉

风雨中夹着生机，阳光下伴着成长。——题记

在一个电闪雷鸣的雨季，一颗无名的种子随风飘荡，掉在这片不毛之地，这就是我——怀着满腔热血却前途一片黑暗。

我想有一番作为，可是外面电闪，耳边雷鸣，仿佛一出去就会跌入万劫不复的深渊，谁敢去呢？我退缩了。几年一如既往地度过，心早已一潭死水，惊不起半点涟漪。

又一年始，对于我们来说，这里没有四季，只有时间的流逝，一只北飞的鸟儿不知是否误打误撞，竟在这里歇了脚——但对我来说，这是一个重要的时刻。

这只鸟在翻找食物时，碰到了我，对它来说我是一顿美食，我想它是不会放弃的，但是对我来说，这并不是什么好事。我陷入极度恐慌的状态，可是一粒动不了的草籽又能做些什么呢？

我被衔起，身体腾空而起，享受了一次过山车的待遇，又被放下了。就在我奇怪时，耳边响起了百年不闻的声音："你怎么还不发芽啊？"我抬了抬头，看向巨大无比的鸟："你也不看看这是哪儿，一片不毛之地！我怎敢发芽？"

鸟啧啧了一声："当年你可不是这样的，你苦苦哀求我带你来，说要有一番作为，你的承诺呢？你的豪情壮志去哪里了？"

有吗？我不记得了，可是我又想起了那个承诺，于是从那以后我就一直在寻找一个方式去实现我的承诺。

在我苦思冥想而又不得其解的时候，又一年雨季来了，我趁着雨水充沛的时候，拼命吸收，使自己充满水分；趁着空气清新的时候，拼命呼吸，使自己全身大换血。最终，我做好了破土而出的准备。

那一天，在大雨磅礴的时候我听到了破裂声，我欣喜若狂，拼尽全力，只听"噗"的一声，我钻出了地面。哪里有什么电闪雷鸣，这雨水令人格外舒适；哪里有什么不毛之地，这地底下有的是营养。

我下定决心要勇敢地、快乐地生存下去了。

乌云退去，阳光到来，是如此的和煦温暖！我只觉一身累赘都被扔去，身轻如燕，有说不出的享受，望着周围光秃秃的土地，我更坚定了生存的信念。

一年后，漫山遍野都是毛茸茸的绿色，灰灰的、绿绿的，那是新生的嫩芽，那是千千万万颗叫不出名的小草，其中就有一个我，我环顾四周，看着满地的绿色，赏心悦目，一寸寸土地之下是万丈生机。

我终于实现了自己的承诺。

本文发表于《大江晚报》2018年8月29日 WBA14版 作文课。

人如昆虫

◇ 赖传康

读完法布尔的《昆虫记》后，我的内心百感交集。

《昆虫记》这本书描绘了各种昆虫的生活，引发了我的思考：人，不也如昆虫一般吗？昆虫有着不同的生活习性，人们也有着不同的兴趣爱好。

夏日的晴空下，树梢上总是会传来一阵阵优美的歌声："知了！知了！"你瞧，那便是我们的歌者——蝉。蝉的幼体在地底潜伏的时间最长达十七年之久，这时的它是黯淡无光的。但为了最后的胜利，它默默忍受地下的黑暗，最后，它成功了。所谓"不鸣则已，一鸣惊人"。从它的歌声中我听到了对未来的憧憬、对自由的向往，可是蝉欢歌的时间只有一个夏天，相比十七年之苦，太短了啊！所以我们人类也要学习蝉的精神——默默无闻，为最后生命之花的绽放做足准备。

螳螂在大多数人眼中是一个残忍无情的恶霸，但在我看来，它是一位坚强的勇士。它的猎物都是靠自己努力得来的，俗话说得好，狭路相逢勇者胜！比起锋利的"双手"，更可贵的是它无畏的心。明知无法"螳臂挡车"却仍敢于作战，这种精神难道不是我们人类应该去学习的吗？

其实还有许多昆虫具有这样的品质，如蜣螂、蜜蜂好似无私奉献的环卫工人，蛱蝶、蜻蜓好似历经蜕变的舞者，蚂蚁身上的团结精神使它们如军人般坚强。

感谢法布尔的《昆虫记》让我明白了这么多道理，让我从微小的昆虫身上找到了生活的真谛。

人如昆虫，即使最平凡的人，也可以找到属于他的闪光点！

本文发表于《大江晚报》2018年9月6日 WBB4版 作文

勇敢　坚毅　执着追求

——读《钢铁是怎样炼成的》有感

◇ 叶钊凝

这是一束光，穿梭在书页间，助我求知探源；这是一扇窗，打开思想的天空，通向一个新的世界。

什么是勇敢？“勇敢产生在斗争中，勇气是在每天对困难的顽强抵抗中产生的。”要知道，生命中可能会刮风下雨，但我们可以在心中拥有自己的一缕阳光。如果说勇气是在风雨呼啸中毅然昂首挺立的无畏，是在前路未知、徘徊不定中做出果断坚定的选择，是在残酷现实中奋力前行的不屈信念，那么勇敢便是勇气的叠加，就像一粒粒砂砾堆积成的金字塔，就像一棵棵树木列成的森林，就像一滴滴露珠汇成的江流……成了前行的动力。

就像面对斗争的保尔·柯察金，总能勇敢、顽强、坚定地排除一切障碍。但是他也告诉我们，勇敢不是不顾一切直冲向前，勇敢不是盲目与莽撞，勇敢是一种智慧，是恰到好处时的冲击，是笔直向前时的坚持，有智慧的勇敢所向披靡。

什么是坚毅？“就像一棵大树一样强有力地将根深深地扎入土壤中，即使削掉树梢，也不会因此凋零。”保尔·柯察金，他已经失去了最宝贵的东西——战斗的能力，活着还有什么用呢？用什么来证明自己生活所有的价值呢？光是吃、喝与呼吸吗？当一名力不从心的旁观者，看着战友向前冲杀吗？不，精神的丰盈足以代替一切！即使病魔缠身，即使饱受着远非常人能够想象的痛苦，即使一次次与死神的黑翼擦肩而过。他以笔为钢，以一个个不屈的文字为枪，燃烧着一腔热血，永远奋斗在路上。要知道，精神的丰盈不是空想，而是更加鲜明地体现在点滴的行动之中。保尔·柯察金，他的坚毅是面对挫折，一次次跌倒之后的重新爬起，是在以生命为燃料的斗争中不忘举起用鲜血染红的赤旗！

我们不也是一样吗？遇挫折知难而上，追逐一切渴求的知识，不气馁、不放弃、不懈怠，咬紧牙关奋勇向前，即使一路布满荆棘，哪怕无法忍受，也要坚持下去，这样的生活才有价值。

什么是执着追求？努力改变所处的困境，向理想一步步迈进。看似无法完成的任务，不去尝试，怎么知道结果如何？“人活着，不应该追求生命的长度，而应该追求生命的质量。”

给自己定下一个目标，即使一天只迈出一小步，但日积月累，便可登上一个又一个台阶。目标的践行，不是三天打鱼，两天晒网；不是光说不做，凭空想象。唯有行动，才是最好的证明。执着追求，是坚定不移的信念，是为了这个信念所挥洒的汗水。执着追求，让我们一点点地改变，这改变，不是动摇，而是完善。追求永远不存在终点，奋斗、坚持与拼搏，一步步实现超越。

钢是在烈火里熔化和高度冷却中炼成的，因此它很坚固。我们也应在艰苦的考验中锻炼自己，在磨砺的熊熊烈焰中坚强起来、成熟起来，不因遇到困难而灰心丧气，去热爱生活，去充实自己，去迎接美好的明天。这些从书中获得的领悟，将是我成长过程中前行的标杆。它让我充满勇气，它让我变得坚毅，它也敦促我执着不懈地追求。

本文发表于《大江晚报》2018年10月11日 WBB04版 公开课。

黑夜中的明灯

◇ 励雨晏

那段叛逆的时光犹如无尽的长夜，我被沉在深黑的海里，对周围的一切都不屑一顾。我性格倔强、特立独行，不知走错了多少路，不知在黑夜中撞了多少次礁石，遍体鳞伤，却不肯回头。我将自己封闭于一叶小舟上，给心树起一道厚厚的城墙，不与任何人交流，满世界只有我一个人蹒跚独行。我仿佛给自己镀上了一层蜡，伤害进不来，阳光也进不来。我拒绝一切，甚至拒绝我自己。

又是一个清冷的夜，没有一丝月光，空气中只有寒冷的暗流在涌动，冰冷得让人有一种溺亡的感觉。我独自走在空无一人的路上，很冷、很迷茫，不知道自己要去哪里。我拖着疲惫的身躯一步一步地往家走。家？我不承认那是家，家里每天冷战不断，让我觉得窒息。我不想回到那个家，宁愿一个人在外流浪。但我还能去哪儿呢？因为不愿意回家，我每天总是挨到很晚才离开学校，回到家里，也总是默不作声地躲进自己的一方小天地。

一步接一步机械地迈着步子，我不情愿地走到我家所在的那栋楼的楼下，这时已经是深夜了，天黑得无比深沉。晚上我和父母吵了一架，气头上的我摔门而出，现在我有什么脸面回家呢？妈妈应该已经熄灯睡了吧。我抬头望向三楼我家的窗户，怅然地思忖着。

周围静得没有一丝声响，大部分人家已经熄灯了，可我家那扇窗户却依旧亮着暖黄色的光。我想，一定是妈妈在等我回家。

我像一叶小舟，随时可能被浪花吞没，却有人站在高高的灯塔上为我点燃一盏爱的明灯。窗户里的灯光星星点点，温暖了黑夜，也温暖了倔强的我。我知道一定是妈妈守在灯光下，她在等我回家。我仿佛看见她正为我倒上一杯热水，脸上写满了焦急。那灯光，如夜空中的启明星，让迷惘的我找到归途。瞬间，我已是泪流满面，我拼命仰起头，却怎么也控制不住泛滥的泪水。我迈开大步，冲上三楼，敲开家门，扑进妈妈的怀中……

青春岁月，有美好，也有迷茫。别忘了，永远有一个爱你的人会在黑夜中为你点一盏明灯，照亮你的心灵。

本文发表于《大江晚报》2018年12月13日 WBB4版 作文。

幸福的味道

◇ 赵思雅

回望青春的港湾，一叶唤作幸福的扁舟永远闪烁着炫目的光亮，像清风入怀，温暖了我的心。绵绵细雨敲打着窗棂，点滴的喜悦让我的心如莲花一瓣瓣绽开，脑中回味着幸福的味道。

童年的酱香入味

岁月的弧度已足够饱满，于是拉起它的衣角，荡起回忆的秋千。童年时我最难忘的，是奶奶做的酱饼。

每逢过节，奶奶便在厨房里忙着，不为别的，只为那一个个入口难忘的酱饼，经过繁杂的工序，奶奶的汗水中闪耀着收获的喜悦。

一个色泽鲜亮、小巧精致的酱饼被奶奶笑着塞进我手中。我轻轻地咬了一点，浓稠的酱汁渗过酥脆的饼在口中化开，口腔中溢满了美味。酱汁中溢着甜、咸、辣，味觉的精灵雀跃在舌尖上。我每嚼一口都会发出清脆的响声，手中空空如也时，还不忘再舔舔嘴边的酱汁，满是贪恋和回味。

奶奶望着我吃成了“花胡子”，笑意中荡漾着无尽的满足和幸福。

寒冬的甜蜜回味

时光是没有尽头的沙漏，转眼间，我的思绪被推移着来到初中。

冬日里，夜色降临了，我才踏着疲惫的步伐回家，刺骨的寒风让我止不住地直打哆嗦。当我看到桌上的一碗甜汤时，心中的阴霾顷刻而散。

那是妈妈常做的美食。汤里有银耳、莲子、红枣、桂圆……十分美味。我轻轻端起碗，黏稠的汤里泛起层层涟漪。用汤勺舀起，透明的液体在灯光下漾起五彩的光圈。我迫不及待地尝了一口，入口即融，甜和暖沁人心脾。一碗下肚，周身洋溢着温暖。

妈妈的笑脸浮在眼前，甜甜的汤是寒冬里的暖阳。

盛夏的清凉滋味

平淡无奇的矿泉水也在时光的旧簿里留下印迹。

体育课后，正当我们口干舌燥时，班主任搬着一箱矿泉水来到班级。

当矿泉水发到我手中时，冰凉的触感让我的心感到了凉爽。我拧开瓶盖，“咕咚咕咚”地大口喝着，瞬间清凉传遍全身，像干涸已久的土地遇上了雨露的滋润，燥热渐渐熄灭。老师的话回荡在耳边：“慢点喝，别急……”这样的关怀让普通的矿泉水也成了甘露。

老师的关爱让一瓶平淡的水清甜了我的心。

漫步流年，幸福藏匿在各个角落，幸福的味道让我难忘。只要心中有爱，幸福与你同在。

本文发表于《大江晚报》2018年12月20日 WBB04版 作文。

青春的味道

◇ 励雨晏

青春是一个美丽的词语，无法用言语形容它的味道。它似花朵，甜蜜入髓，令人唇齿留香；它似柠檬，酸涩甘醇，令人回味悠长；它似花椒，刺激味蕾，令人难以忘怀；它似黄连，苦于口中，令人印象深刻。谁的青春不是充满了酸甜苦辣？

苦 辣

火辣的阳光刺得浑身生疼，望着眼前红辣椒般的分数，我的脸涨得通红，眼睛也有些湿湿的。我感觉如同吃了一串辣椒，辛辣的味道通过味蕾传递到全身，浑身像针扎似的刺痛。

“又考砸了！”我把物理试卷揉成球，丢进抽屉里，不敢再看它一眼。

青春期难免会遇上这样那样的困难，当困难将你打败时，那感觉就好似突然吃下一只辣椒，辛辣无比。

唉！我的物理成绩！面对如此不堪的成绩，我的心里真是比吃了黄连还苦。明明考试前一天晚上我已经很认真地复习了，为什么结果还是如此？我有些颓然，是不是我真的没救了？我又感觉如同吃下了一颗苦胆，口中苦，心中更苦。我的心很乱，犹如中世纪战场。我想到了老师严厉的神情、妈妈失望的表情以及同学们嘲笑的目光，浑身真是无一处不苦，以至于坐立不安、无所适从。青春难免会遇上这样那样的挫折，当你努力了却仍然失败，那感觉就如同吃了黄连，苦不堪言。

酸 甜

窗外阳光明媚，天空蔚蓝如海，在这样大好的光景里，我却感觉浑身笼罩着阴云。这时，一个清脆的声音穿透了云层：“你怎么了？又没考好？”哦！是她呀，我们班的班干、学霸，人缘极好，是一个光芒四射的人。看着她的笑容，我觉得自惭形秽，低下头去。没想到她带笑的声音又响了起来：“你是一个很努力的人，一次考试失利不能代表什么，你只是有什么地方不太明白。”她来到我的身边，展开了被我弄得皱皱巴巴的试卷，一板一眼地将我做错的题目讲解给我听。她侧着脸，细白的指尖划过一道道题目，一张圆圆的娃娃脸上满是善意的笑容。那笑容犹如一朵净莲，静静地绽开在我的心头，击中了我心中的某个地方，荡起深深浅浅的涟漪；

那笑容如同花蜜，注入了我的心田，有甜甜的感觉，令我温暖，也有酸酸的感觉，让我感动。

青春有辣味的困难、苦味的挫折，但请别忘了你身边还有关心你的人，还有温暖的甜、感动的酸。这就是青春的味道！

本文发表于《大江晚报》2019年2月28日 WBB4版 作文。

特别的礼物

◇ 饶申佳

如果不是那次艰难的登山经历，我想我不会收到一份特别的礼物——坚持。

早起，只是为了去追寻清晨的第一缕阳光，姐姐也和我一样很早便起床了。

清晨的薄雾如轻纱般笼罩在山头，万分美好，令人心驰神往，小鸟叽叽喳喳地叫着，我想它们也是为了迎接新的一天的到来吧！雨后的树林多了一份静谧，空气中混合着泥土湿润的气息和青草的香味，可山路却是坑坑洼洼的，着实不太好走，但这些都不会成为我和姐姐追寻阳光的绊脚石，我们满怀向往地向山顶进发。

清晨虽然有些微凉，但我们只爬了一小段路便汗流浃背。走着走着，我感到有些累了，明显地被姐姐甩出好一段路程。焦躁的我突然感到手背上一阵疼痛，一个大红包赫然呈现在我的眼前，好像在嘲笑我缓慢的速度。我不由得加紧步伐，可越是这样，体力消耗得越快，我心中不免生出了几分抱怨：早知道这么辛苦就不该有此行了！

我一边抱怨，一边不得不迈开双腿，继续努力前行，想象着自己是一个不知疲倦地工作的机器人。终于，我气喘吁吁地到达了半山腰的凉亭，看到凉亭中有几个石凳，我赶忙选了一个坐下来。这时，上山时如灌了铅般沉重的双腿终于得到了放松，我轻轻地捶着酸胀的双腿，感觉到了久违的舒适。我真的好想再多休息一会儿呀！可是，我一抬头却发现前方姐姐的背影渐行渐远。在晨光的笼罩下，姐姐的背影闪着光，美丽而动人！我知道她还在继续努力向山顶攀登，而我却这样半途而废，实在是有些不齿。

姐姐的努力给了我再次前行的动力，我一定不能让姐姐看不起！这样一想，我心中豁然开朗，感觉浑身的每一个细胞都充满了力量。于是，我重新站了起来，一路小跑，追寻姐姐的脚步……

突然，前方出现了一道刺眼的光亮，那不是先前的晨光，那是清晨的第一缕阳光，伴随着生命的气息扎在了我的心上，它犹如利箭一般划破了灰暗的天空和艰险的山路，我加快了脚步，奋力追赶着姐姐。姐姐在前方向我挥着手，近了，又近了……终于，我和姐姐并肩站在了山顶上！这时，火红的太阳从远方的山头正缓缓升起，光芒万丈！一幅美丽的日出画卷展现在我们面前。

那次艰难的登山经历，不仅让我看到了日出美景，更让我收获了一份特别的礼物——坚持。每个人的追梦路上都会经历艰难和坎坷，而到达梦想彼岸的一把重要的钥匙便是坚持。

本文发表于《大江晚报》2019年5月16日 WBB4版 作文。

我爱我的国 我爱我的家

◇ 邱圆贻

"我家住在江之尾，半城山，半城水，山中楼宇高，水边柳丝垂……"周末我到奶奶家去玩，电视上正播放着这首动听的歌曲。我打开茶几下面的老相册，往事历历在目。

相册的首页，是一张两层楼的灰色楼房照片，奶奶当年扎着羊角辫，推着自行车，意气风发地站在楼前。当年的楼房现在已经不复存在，变成了街心绿地。听奶奶说，当年30多户人家住在这里，包括我的太外婆四口人也挤在20多平方米的房子里。夏天天热，房子里面似蒸笼；冬天天冷，先要用热水烫化室外公用水龙头上结的冰，才能取到水，这生活真是不方便啊！

有一张照片是一栋5层楼的楼房，那里有1981年因爷爷在单位表现优秀分到的房子，两室一厅70多平方米。房子大了，自来水和厕所全部成套，居住环境得到了改善。当时大家都太高兴了，奶奶说钥匙一拿到手，一家人扛起扫把、拖把，步行了一个小时，从北门走到了团结二村。当年搬家时那些老邻居真是羡慕啊！

最近的一张照片，是站在新家的阳台上，拍的一张周边环境全景照。照片的前方是一座座拔地而起的高楼，还有改造后的汀棠公园，阳台侧面远眺就能看到沟通南北的长江大桥以及大型主题公园——方特欢乐世界。

我慢慢合上影集，抬头看到奶奶此刻手里正拿着手机和老伙伴们微信聊天，想想刚刚看过的几张我家不同时期住房的照片，心中感慨万千，这不正是这么多年来我们的变化、芜湖的变化和新中国的变化吗？

从1949年到2019年，70年的征程中，中国从一个贫穷落后的国家发展成了如今的世界第二大经济体。70年前中国百废待兴，70年后中国百业昌盛。1978年拉开改革开放的序幕；1997年香港顺利回归祖国怀抱；2008年北京奥运会成功举办……我们伟大的祖国正沿着繁荣富强的轨道前进着。

我留恋于童年那棵梧桐树下的树荫，在树荫下，我拥有很多跳皮筋的小伙伴，但我更爱现在小桥流水的静谧优雅；我留恋于夕阳斜照下一块块红砖，在红砖墙上，有我们无数可追忆的粉笔涂鸦，但我更爱如今摩天大楼的极目远眺。

我爱我的家，我更爱我的国，身为青年一代的我们，要致敬历史、展望未来。我相信祖国的明天会更美好！

本文发表于《大江晚报》2019年10月4日WBA07版（庆祝新中国成立70周年征文）。

令人回味的往事

◇ 姚刘君琳

每年的九月，我校都会迎来一年一度的秋季运动会，同学们笑闹着、欢呼着，校园里充满了沸腾的气氛。

在雄壮的运动员进行曲中，同学们个个精神抖擞、昂首挺胸，迈着整齐的步伐进入赛场。接着，奏国歌升国旗，校长发言，体育老师说明比赛规则。

精彩无须等待。开幕式一结束，各项比赛就紧锣密鼓地开始了。看，跑道上一支支离弦的箭，沙坑前腾空的一跃，小小的垒球在空中划出美丽的弧线……一项项比赛伴随着同学们的加油声，把精彩的运动会推向一个又一个高潮。

最引人注目的是女子4×100米接力，运动员已经站在了起跑线上，有的在热身，或甩甩胳膊，或踢踢腿，准备待会儿上场夺得比赛的冠军；有的摩拳擦掌；有的表情严肃紧张，已经做好起跑的姿势，随时准备飞跃而出；还有的非常悠闲地和旁边的同学聊天呢，好像冠军非他莫属。

比赛开始了，随着一声急促的发令枪响，跑道上的运动员像一支支离弦的箭“嗖、嗖”地飞了出去。我们班的第一棒是我，我手脚有节奏地飞速摆动着，鼓着腮帮子，咬紧牙关，一口气奔了几十米。我不顾一切地向前冲，别的班级运动员也毫不示弱，我们在跑道上你追我赶。

看！我把棒迅速交接给马鑫怡。我们目不转睛地盯着她，齐声大喊：“加油！加油！”马鑫怡像“黑旋风”，撒开双腿向前冲，把棒交给了张雪。

张雪奋力冲刺着，因交接棒时失误了，耽误了时间，被别的班级选手超越。同学们的心都提到了嗓子眼儿，屏住呼吸瞪大眼睛，“啦啦队”一见，急得像热锅上的蚂蚁，顿时大叫起来：“加油！冲、冲呀！”“张雪快跑……”只见张雪像挣脱了缰绳的野马，向前飞奔，“超……超……超过啦！”张雪占据了第一的位置。

潘芸接过第四棒，只见她似脚踩风火轮，向终点冲去。20米、10米、5米……她飞身一跃，冲过了终点。“我们赢了！赢了！”同学们欢呼雀跃，高兴地一蹦三丈高，大家簇拥上来，把我们四个抱在一起。

灿烂的阳光洒在我们每个人的身上，快乐在我们心中荡漾。这精彩的运动会，在我的脑海里留下了深深的烙印，永生难忘。

本文发表于《大江晚报》2019年10月17日 WBB04版 作文。

我的班主任

◇ 张悠陶然

人生就像一列一直前行的火车，六年时光的小学旅程已缓缓驶过，今天列车载着我们停靠在一个新的站台——初中。一切都是新的开始，在崭新的学习生活中，班主任老师给我留下了极其深刻的印象。

那天，风很轻，云很淡，下午放了学，余晖渐渐印染了天空，好像躲在云间的神仙打翻了调色盘，颜色美极了。我坐在教室里，看看手表，离妈妈下班的时间还有半小时呢，就在教室里写会儿作业吧。

班主任老师按惯例在放学后又一次走进了教室，不经意抬头间，我迎向一个关切的目光，老师温和地说："这么晚了，怎么还不回家？"看到老师一改平时的严厉，我愣了愣，从座位上站起，不安地说："老师，我妈妈今天来接我，但她还有半小时才下班，我先写一会儿作业……"老师点了点头，转身离开教室，忽然像惦记什么似的，不经意间又调转方向再一次出现在我的课桌前。教室的灯光星星点点地落在她的发丝上，迸出闪烁的光芒。"那你一定要注意安全啊，万一妈妈来迟了你可以去办公室找我，自己别乱走啊。"言语间，充满关切。她巡视了四周，再看看低头写作业的我，轻轻离开了教室。

夜幕降临，点点星光取代了余晖的斑斓，继续闪烁在城市的上空。我坐在妈妈的车后座，妈妈说："老师发语音给我了，等到家后给老师留个言吧，别让老师担心。"打开微信，再一次听着老师关切的话语，言语间的关心瞬间再次温暖了我。脑海中不断浮现放学后老师在教室的一点一滴。那抹夕阳下的余晖，那缕灯光下的发丝，那个浅浅的微笑，那些关切的叮嘱……我不禁心头一震，一股暖流涌入心中，抬头望向窗外，星星仍在夜空中闪烁，星星如同老师的眼睛，此时仿佛老师就在身旁继续关爱着我，指引着我，陪伴着我。

一个转身，一抹微笑，一句嘱咐，饱含了老师对我们的爱。那爱很沉，很暖，让我们用坚定的信念去面对三年的初中生活，老师的爱会一直陪伴着我们，激励着我们，引导着我们永远向前，永不畏惧。

一个片段即是永恒，这将是值得我深藏的美好回忆。

本文发表于《大江晚报》2019年10月24日WBB04版 作文。

细节里的微感动

◇ 初　墨

纵使风云变幻，感动仍久久萦绕在我身边，不曾离去。——题记

鱼

“开饭啦！”熟悉的声音在我耳边响起。我第一时间丢下那难倒一片人的作文，飞也似地冲出房间，趴在餐桌上就“啊呜啊呜”地吃起来。“慢点儿，没人跟你抢！”奶奶端着一碗饭，笑盈盈地走来。这时，爸爸妈妈也从客厅里来了。“儿子啊，你工作辛苦，累了吧？爷爷特意买了鱼。红烧的，你最爱吃。”“孙女啊，你也要吃点，没啥鱼刺的。”“嗯嗯。”我含糊不清地答应着，嘴里塞满了饭菜。

“妈，您也吃，不塞牙。呐，这条鱼吃鱼肚，就是这块。”爸爸一边说着一边把奶奶的碗拿过来，夹了鱼肉放在她碗里。“不要不要，我都一把岁数了，吃什么鱼啊，你吃！”奶奶急忙推辞。“奶奶，爸爸夹的，您就吃点呗。”把饭菜吞下肚的我说。这时，窗外有只鸟儿叫了几声，妈妈也顺水推舟道：“妈，您看鸟儿都同意他们的话，您就吃呗。”这时奶奶也不好再推，满脸笑容地接过饭碗：“好，好。儿子媳妇孝顺啊！孙女长大了，也学会孝敬老人了！”窗外鸟鸣风吹，树叶“沙沙”地合奏。一家五口在这美妙的伴奏中吃完了一顿饭。

电　视

“啊！终于熬到周六啦！”我一屁股坐在软软的沙发上，准备打开电视，看个痛快。“孙女啊，你陪奶奶看电视好不好？奶奶好久没跟你坐一起看电视了。”“咦？奶奶您也看电视啊？那就一起看吧。”可当电视打开后，我和奶奶发生了分歧：奶奶喜欢看生活片，而我喜欢看古装剧。一开始，我十分任性：“奶奶，我一周才能看这么一次，时间还这么短。您就让着我嘛。”奶奶连说：“好，好。你想看啥就看啥。”但当看了一小段后，奶奶起身到房间里去了。我渐渐发觉奶奶不爱看古装剧，我却要“逼”着她看，这样实在不应该。难得能和奶奶一起看电视，一定要让着奶奶嘛，对不对？想到这儿，我连忙跑去找奶奶：“奶奶，我们一起看生活片吧，古装剧太无聊了，还是生活片有意思。”奶奶一脸笑容地说：“好，好！孙女懂事了，奶奶看什么片子都来劲儿。”看完电视，我走到阳台。发现树叶更绿了，一阵风吹

过，送来阵阵花香，它们好像都在为我刚才的行为鼓掌喝彩。

读书

别看奶奶已年过花甲，学习劲头啊比我们这些“小青年”还足呢！除了下午看一会儿电视，她就一直捧着本厚厚的书。这书啊，一个月一本，读得快得很。但有几次，奶奶因为记性不好，忘了老花镜在哪，只好让妈妈读给她听。尽管是周末，但妈妈还是很忙。就算这样，奶奶的要求总是会被满足。有一次，妈妈正在弄一个文件的短信，写到一半，奶奶又要妈妈帮忙读书。妈妈二话不说，拿起书就绘声绘色地读了起来。奶奶的脸上洋溢着笑容。我知道，这不仅是对书本内容的满意，更是对有这么个孝顺的儿媳的欣慰啊！这时，楼下的小姐姐又开始弹奏古筝了。窗外微风徐徐，楼边水渠里的水也欢快地发出清脆的声响。妈妈抑扬顿挫的读书声与轻风流水应和着，奶奶脸上的笑容也越发灿烂了，好像随着窗外明媚的阳光回到了青春年华。

吃的鱼，娱乐的电视，朗朗的读书声……这些美妙的细节也许在你的眼里微不足道，但对我来说，是一种感动。那永恒的一瞬定格在奶奶的笑容中，定格在电视的节目中，定格在我们心中。

本文发表于《大江晚报》2020年1月9日 WBB04版 作文。

和音乐在一起

◇ 曹珂涵

坐在电脑前，打开网易音乐。鼠标轻点，静静地等待音乐的响起。世界静下来，时间停下来。

此刻，我和音乐在一起。

喜欢音乐，喜欢音乐给我带来的感受。浮躁的世俗之气，渐渐远离我的肉体，音乐如同醍醐灌顶的天籁，浸入我的灵魂。在音乐的世界里，我陶醉在那个自由自在的国度。就像那首《男儿当自强》，不同时间，总能给我带来不同的感受。激情昂扬时听这首歌，热血澎湃；彷徨沮丧时听这首歌，痛定思痛；人多嘈杂时听这首歌，笃定前行；寂寞独处时听这首歌，鼓劲打气。

音乐就是这么奇妙。我总是想着办法融入那些音乐，不只用耳朵，更多的是用自己的心。融入自己喜欢的音乐，就像触摸我们的心，虽然有时像暴风雨那样无情，但走到最宁静的地方一定会见到蓝天和彩虹。那一句句歌词，一个个音符，一条条旋律，都是让我难忘的地方。“一条大河波浪宽，风吹稻花香两岸……”虽然耳熟能详，可是每当音乐响起，我都会小心翼翼去听，在歌曲描绘的画卷里，我伸手就能触摸到幸福与花香。

于是，我固执地喜欢几首歌。喜欢轻声哼唱，微笑着面对其他人的评价；喜欢弹奏吉他，哪怕草地里没有掌声；喜欢默念歌词，像是一个面江迎风的词人；喜欢循环播放，在空灵的世界和自己对话。这种感受，是给自己最好的奖赏。我不排斥翻唱，我跟着感觉走，在每一次相逢里 “秋水共长天一色”。一首打动我的歌，在不同人口中演绎出了不同的感情色彩，这何尝不是另一种美。

这种美跨越了时间，跨越了空间。触摸音乐就像在触摸自己，享受专属自己的音乐盛宴，这是一件最幸福的事情。因为音乐我有了自己喜欢的歌手，结识了不曾谋面但神交已久的“老朋友”，让他们用旋律把我心里的话都唱出来，酣畅淋漓。我暗下决心：不管如何，坚持做自己想做的事情，才能让我们的人生不留下些许遗憾。

春暖花开

春暖花开会有时

◇ 陈鹏瑞

随着“雨水”这个二十四节气中第二个节气到来，气象意义上春天正式到来了。雨水节气前后，东风解冻，散而为雨，万物开始萌动，春天就要来了。

一场春雨开启了不一样的“鼠”光，给我们带来了不一样的希望。春雨是这世间的精灵，乍暖还寒之际，随风潜入人间，使枯木逢春，种子发芽，消去浸骨的冷气，送来拂面春风、和煦阳光。春雨，是湿润的，“沾衣欲湿杏花雨，吹面不寒杨柳风。”东风拂来久别的暖意，细雨淅淅沥沥笼罩人间，给大地披上温暖的纱衣。春雨是灵动的，“春风放胆来梳柳，夜雨瞒人去润花。”飞雨入阶廊，雨羞风轻，待柳烟成阵，便春色撩人了。春雨，也是蓬勃的，“好雨知时节，当春乃发生”，在润物细无声的春雨中，蕴藏一冬天的情绪都尽情释放，人也跟着朗润葱茏，欢喜起来。

但因为疫情影响，我们暂时还不能自在地走出去，感受春光。那疫情过去后，你最想做什么呢？去看一场坐得满满当当的电影，去吃一桌人声鼎沸的火锅，然后悠闲地走在人山人海的大街上。到时候，人们都不再戴着口罩，笑容洋溢在人们的脸上。风一吹，一股新鲜的空气朝你袭来，哇，开心！

我期待着疫情过后，去响水涧看看金黄的油菜花，享受春光的美好；去黄山看一看奇松、怪石、云海，领略大自然的神奇；还去武汉看看，看看这个经历了一场大“劫难”的城市，变成了什么模样，那里的人们，还是那样坚强可爱吗？我更想登上黄鹤楼，远眺宛如巨龙的武汉长江大桥；去武汉大学看樱花，闻着芳香的同时感知高等学府的魅力；去蔡林记吃一碗正宗的热干面，享受这人间美味……

没有一个冬天不可逾越，没有一个春天不会到来。愿你平安喜乐，健康如意。愿你奋力向前，不负春光。愿雨水的到来，能为你冲走疫情烦恼，带来春天的快乐！等一场春雨来，冲刷干净所有的病毒，换回美好人间！

芜湖新闻综合广播公众号 2020年2月23日推送。

春天畅想曲

◇ 奚睿阳

在这个特殊的初春，我被鸟儿的歌声叫醒了。孟浩然的“春眠不觉晓，处处闻啼鸟”，白居易的“几处早莺争暖树，谁家新燕啄春泥”，这些诗句都是鸟儿早早地告诉我们，春天来了。春天既是一首优美的诗，也是一幅多彩的画，而今年的春天还是一首温暖的畅想曲。

春天，从阳光升起的第一刻，枝头总有小鸟在鸣叫。它们的歌声是那样婉转动听，令人嘴角不由得浮起一丝微笑。燕子也从南方飞来，它们剪刀似的尾巴更为大自然增添几分春意与欢乐。瞧！那一个个小家伙，在电线杆上排成一列，谱写春天的进行曲——“武汉加油，中国加油！”

春天，必是百花争艳。迎春花这个急性子不畏春寒毅然开放了，它展开了美丽的笑脸，告诉大家春天来了，它黄黄的花瓣、细长而柔韧的身姿显示出刚强的气质，就像支持武汉的最美逆行者，迎难而上，不畏艰辛；路边的一些无名小花，也慢慢地开放，虽是星星点点、零零碎碎，却颇有一番情趣，它们就像普普通通的社区工作者，守好每一道关卡，把好每一扇门；桃花也开出了两三朵，淡粉色的花瓣、黄黄的花蕊，飘出一缕清香，好似在报名参加争艳，它们就像我们的文字工作者，虽不在抗疫的一线，但用自己的武器与疫情抗争，激励鼓舞着大家。

春天，总少不了“清洁工”——春雨的影子。“好雨知时节，当春乃发生。”随着淅淅沥沥的几场春雨，小草探出了头，喊着竹林里小笋芽一起出来玩耍。光秃秃的树干经过雨水的冲刷，有些闪闪发亮，浅浅长出了嫩嫩的新芽。田里的庄稼茁壮成长，争做这抗疫坚强的大后方。毛毛细雨，我愿在雨中漫步，感受春的气息，感受着全中国万众一心。

这个特殊的春天，鸟儿在谱写抗疫的乐章，花儿在激励大家坚持，春雨绵绵滋润着庄稼，成为坚强的大后方。这就是春天的畅想曲，一首充满温暖的畅想曲，也是我们心中的畅想曲。

芜湖新闻综合广播公众号 2020 年 2 月 28 日推送。

春天畅想曲

◇ 何博文

一年之计在于春，春天是朝气蓬勃的季节，也是五彩缤纷的季节。我喜爱春天，因为它是万物复苏的季节。

小草脸上挂着珍珠似的水珠，树上的小鸟正和树叶沙沙作响的声音合奏一曲“欢乐颂”。隐藏在一片野草中的喇叭花次第绽放，几种不同的颜色争奇斗艳。河岸边，柔软的柳条轻抚着水面，好像在照看着自己婀娜的身姿。春天到了，到处都是一片生机勃勃的景象。

春是绿的种子，你看那柳树上嫩嫩的绿芽儿，多像刚出世不久还裹着棉袄的婴儿！春是大地的女儿，你再看那绿油油的麦苗，尽情地舒展着腰肢，如同贪婪的婴儿，吮吸着大自然的恩赐。绿色总让人想到青春和希望，它是春天最朴素的音符。

春天的歌声随着风姑娘的脚步来到了人世间，小草从土里钻出脑袋，好奇地聆听着这美妙的声音，让桃花笑红了脸，让柳树笑弯了腰。

“一夜好风吹，新花一万枝”，夹杂泥土香气的春风，带来蓬勃生机，吹开了百花，次第开放，迎春花的枝条缀满金灿灿的花朵，报春的小喇叭悬挂在枝蔓上装饰着枝条，演奏着乐曲，欢乐的音符随风飘散。白玉兰随后绽放，硕大的花朵顶在枝干上，洁白如雪，仿佛是一只向上托举的神仙之掌。山茶花早就迫不及待了，鲜红的花朵似精致的瓷杯，杯底是金色的花蕊。她娇羞地躲在枝叶间，却还是忍不住探出了半个脸。

我看着这美丽的春景，忽然发现，其实春的色彩极有层次。青松的墨绿、冬青的深绿、黄杨的嫩绿、青草的碧绿、桃花的粉红、梨花的雪白、迎春花的金黄等，共同编织了一个童话般的春天。

我喜爱春天，不但因为它代表希望，更因为它有着宽广的胸怀。它毫不吝啬地将自己美丽的风景与世界万物分享。它使花开得更加艳丽，使树木拥有青翠欲滴的色彩，把温暖与喜悦撒向大地的每一个角落。它用灵巧的手拨动着人们的心弦。春来了，给那些在病房里的每个患者带来了希望。春天，就是一个让人充满希望而又美丽的季节。

芜湖新闻综合广播公众号2020年3月2日推送。

窗外的春

◇ 张悠陶然

2020，一组简单的字符，2020年的春天成了一个不平凡的春天。

“白雪却嫌春色晚，故穿庭树作飞花。”早春的一场雪悄无声息地染白了窗外的世界，小区里没有嬉戏玩雪的孩童，没有雪中拍照的倩影。防疫志愿者们却依然坚守在风雪中的卡口，用他们的毅力确保一方平安。春回大地，和煦的阳光映在白雪上，更显夺目，阴霾终将散尽，我们紧跟着春天的节奏，迎接美好生活的到来。

“春雷起萌蛰，土壤日已疏。”一声声春雷复苏了万物，窗外戴着口罩的行人三三两两多了起来，车流日渐穿梭如织，外卖骑手奔波在小巷街头。越来越多的人走出家门，或上班，或购买生活用品。农家大妈乘坐恢复的公交，将早春上市的蔬菜运至小区门口，没有人头攒动，大家保持着距离，有序购买。从忙碌的街景中，我看到了春天带来的复苏，我们的城市正跟着春天的脚步，慢慢苏醒，她依然充满活力。

“忽然一夜清香发，散作乾坤万里春。”一场春雨捎走了冬的寒意。推开窗，贪婪地嗅着空气中夹杂的泥土气味，湿润中裹着芬芳。花园里的春梅早早地结了花苞，紧实地裹着，接受着春雨的洗涤，性子急的花骨朵已然绽开，如热情奔放的小女孩，潇洒自如，落落大方，那极富张力且明媚的色彩成为冬去春来的一道瑰丽的风景线。怒放的梅花舒展开五片花瓣，在微风吹拂下，嫩蕊轻摇，暗香四溢。梅花象征着坚强乐观的精神品质，在这场没有硝烟的战争中，中华民族14亿同胞面对困难无畏无惧，有逆行而上的医护人员和军人，有职守一方的基层社工和警察，有心系中华的海外同胞和友人，拧成一股绳的中国人民终将奏响胜利的乐章。

伫立窗前，仰望遥远的天空，冬天夺走的一切终将在这个温柔的三月慢慢还给我们，愿疫情快些结束，所有和家人分离的一线人员可以平安凯旋，和千千万万普通人一样，陪着年迈的父母，带着年幼的孩子，聆听春天纤柔的脚步，感受春天婆娑的韵律，迎一缕春日阳光的暖，斟一杯春色满园的香。曙光已经来临，山河无恙，新的生活终将姹紫嫣红！

芜湖新闻综合广播公众号2020年3月3日推送。

文暖春日，情动人心

◇ 刘可祁

三月，南方已经是“烟草如碧丝，秦桑低绿枝”，而北方虽还有些“残雪暗随冰笋滴，新春偷向柳梢归＂，但也抵不过季节的律动。新燕呢喃，春溪汩汩，风也完全与冬天不同，有了丝温暖，有了丝生机。

暖，来源于春芽破土。公园里的植物都恢复了生机，银杏树也毫不逊色，悄悄地披上了一层绿纱，它那扇形的小叶，翠绿嫩黄，偶尔还发出“沙沙沙”的声音，就像一首美妙的幻想曲回荡在公园的上空。在人们不注意的地方，一个生命正孕育着，一棵小草从泥土中钻了出来，晃动着它那黄绿色的脑袋，观望着它似曾相识的世界，它生机勃勃地生长着，并以自己翠绿的身躯点缀着大地，使春天更加绚丽，像每一位逆行者一样，默默地奉献着。湖畔那依依的杨柳的确是大自然的骄子，风平浪静的时候，她好像一位温顺的长发姑娘，将满头青丝垂向水面。再看水中，那一簇簇嫩绿的水藻，像柔软的绸带，在水里轻盈地卷曲浮动着，几条小鱼儿也互相嬉戏着。真应了句“日出江花红胜火，春来江水绿如蓝”！

暖，来源于繁花朵朵。迎春、桃花、梨花、玉兰次第开放，汇成一片花海。看着娇艳的花朵，我不禁感慨万分。远看桃花一团团、一簇簇，如染了胭脂，红得耀眼，美得醉人。近看梨花，树稀花疏，好似一幅轻笔淡墨的山水画。你看，朵朵玉兰花像一只只玉铃在风中摇晃着，有的含苞待放，有的斜插枝头，有的像白玉蝶面向蓝天展翅欲飞。侧耳细听，仿佛清脆悦耳的铃声，传来声声捷报。我捡起一朵随风飘落的玉兰花，定眼细看。只见，九片洁白无瑕的花瓣，将黄色的花蕊裹在中间。花瓣恰似白衣天使，将我们紧紧地保护着。一阵风吹来，阵阵馥郁的幽香沁入心扉。

暖，来源于人间大爱。在这个特殊的春季里，有一抹白，值得我用文字去赞美。那是在疫情前线奋斗了已两个月的医护人员。在抗疫争分夺秒的时刻，他们放弃了与家人团聚，更放弃了陪伴家人的时光，不顾一切地冲上“前线”。在这段特殊的日子里，八十多岁的钟南山爷爷夜以继日地工作着，为我们负重前行。听！窗外鸟儿那清脆的歌声似乎也在歌唱着这一切的一切。

芜湖新闻综合广播公众号2020年3月4日推送。

春天的盼望

◇ 李元悦

“盼望着，盼望着，东风来了，春天的脚步近了。”朱自清先生多年前用连续的“盼望”表达着他对春天的喜悦之情，而今天我们同样如此盼望着春天的来临。随着大雁成群北归，鸟儿宛转鸣叫，春天踏着一路绵绵的轻风，开始唤醒城市的每个角落。

走在春天的河岸边，远处的柳枝仍是枯褐色，但走近细看，你会惊奇地发现，每一枝柳条上都镶嵌着一颗颗绿莹莹、鲜嫩嫩的叶芽，那叶芽似乎积蓄了整冬的力量，攥着紧紧的小拳头，马上就要漾出一树的新绿，宣示着生命的力量。

走在春天的公园里，花儿开得总是特别早，还未完全褪去冬日的凉意，就开始迎风绽放。远看是几簇白，几簇黄，几簇红，如宝石般散落在绿毯中，似互相斗艳着，又互相映衬着。近看却是一朵朵的精巧细致，每片花瓣都水灵灵的，似乎可以掐出水来，嫩得可爱，柔得温润。还有谁能比得上春天这个艺术家呢？绚丽而不俗气，高雅而不孤傲。

走在春天的城市里，总能聆听到连绵清脆、让人心醉的鸟鸣声，那是渴望冲向蓝天的声音，那是经受狂风巨浪的誓言，那是向世界展示力量的宣言。抬头望去，鸟儿在天空自由飞翔，一忽儿穿过树枝飞向远方，一忽儿越过屋顶憩息在树枝上，一忽儿掠过人们的头顶冲向高空。多么强健有力的翅膀，多么蓬勃恣意的生命，似乎在告诉人们，寒冬已尽，暖春可期！

春天的脚步近了，在春芽的嫩绿里，在春花的烂漫里，在春鸟的鸣叫里。春天，是冬打不败的坚韧，是绿意丛生的希望，是奋发图强的理想。在这个特殊的春天里，虽然我们不能按时返回校园，不能和亲友团聚畅饮，不能徜徉在大好河山，但依然收获满满：我们看见了平凡生活的珍贵，收获了普通大众的温暖，汲取了英雄身上的力量。我们欣喜地看到，春天，已经来了。

芜湖新闻综合广播公众号2020年3月5日推送。

春天畅想曲

◇ 徐皓洋

“阊阖春风起，蓬莱雪水消”，阳春三月，久违的春风又从天上吹来。

春风掠过树林，小草从地中探出头来，东望望，西望望，探索着这新生的、美丽的世界。枯树又长出了嫩芽，与小草铺成了一个绿的世界。在这满眼的绿中，点缀着一片片红的、白的、粉的花朵。桃花、杏花、梨花，争奇斗艳，竞相开放。“等闲识得东风面，万紫千红总是春”，春天像个小姑娘，穿着五彩斑斓的衣裳，在碧绿的树林中奔跑。

春风掠过河流，融化了冬天的冰雪。水滴在河面上，发出清脆的“滴答”声。小溪开始流动，不知哪里来的鱼儿也跟着欢快地游，调皮的小鱼常常跳出水面，在水面上溅起波纹，扬起美丽的水花。

春风掠过花田，花儿再次绽放出笑脸，那些可爱的花儿随风舞动，仿佛织起一张五彩的绸缎。蜜蜂嗡嗡地叫着，在花间来回穿梭。香甜的花蜜从花间流出，这是花儿给蜜蜂的礼物。小鸟在不远处唱歌，为花儿美丽的舞蹈配上动听的音乐。

地面上溅起了水花，原来是那调皮的小雨点，按捺不住内心的躁动，迫不及待地莅临人间。小水滴在树叶上缓缓流动，落下去，打在了小草上。蜜蜂和小鸟惊慌失措地寻找避雨的地方。农民们笑着迎接这可爱的春雨，盼望今年有个好收成。这雨比白开水更净，洗净这世间一切尘垢；这雨比水彩更美，画出了一幅美丽的画卷。

春天是崭新的，是刚从地里探出头的小草；

春天是温暖的，是冰雪融化的小溪；

春天是美丽的，是初春绽放的花儿。

这就是春天！

芜湖新闻综合广播公众号2020年3月1日推送。

春天畅想曲

◇ 张宇彤

“风雨送春归，飞雪迎春到”，前几天还是鹅毛大雪，转眼间，春姑娘就悄无声息地轻轻走过来了。

春姑娘来了，在所有人的期盼中到来了。不错，春天是“新”的象征，一个新的开始。她带来了五彩斑斓的画笔，将小草涂成了绿色，将花朵染成了粉色，同时又在刚涂了蓝漆的天空中添上了几朵如棉花糖般的白云，让人看了忍不住想飞上蓝天揪上一片细细品尝。

春草，刚刚才从土里“蹦”出来，鲜嫩的绿叶已长出，准备好去迎接春花的芳香、春雨的滋润、春风的凉爽。春草一簇一簇的，远看，没有什么特别之处，眼前是只有一片浑身都带着新翻的泥土气息的“绿海”；近看，两只眼直勾勾地盯着一小片“海”或一棵春草，你会发现在每一棵小草的绿叶上都有一粒可以折射出彩虹的小露珠。

春花，在一簇簇春草里竞相开放，你不让我，我不让你，只希望自己的艳丽色彩和芬芳香甜，能够唤醒大自然中一切尚未苏醒的生灵。她们那粉红的裙摆上散发着淡淡的清香，仿佛一个个婀娜多姿的少女在翩翩起舞。

春雨，细的如针，又多如牛毛。是它，滋润了大地，滋润了春草、春花，浸润了人们的心。它清爽，张开嘴巴，便会有几丝清凉的水滴滴在你的舌尖，滴在你的心间；它繁多，向外走去，感觉周围只剩下这些雨丝了。

春风，来得好快，给人一种生机勃勃的感觉。一阵风，拂过脸庞，它卷来了所有的“春”：春草的生命力，春花的幽香，春雨的滋润。闭上眼，慢慢体会，是的，你看到了一幅“春天交织图”，但却不想再睁开眼，怕失去了这幅春姑娘送过来的画儿。

夏天有烈日当空，秋天有万粮丰收，冬天有白雪皑皑。而春天，没有暑气逼人，没有硕果累累，也没有滴水成冰，她带来的是生机勃勃的一派景象，还有她的春暖花开，鸟语花香。

春天，你只有短短三个月，却给我们带来无限的生机与希望；你只有一年中的四分之一，却描绘出了五彩斑斓的图画。

春天啊，就让我为你在这春光沐浴之下，奏响一首《春天畅想曲》。

芜湖新闻综合广播公众号 2020 年 3 月 1 日推送。

春　醒

◇ 陈鹏瑞

你听，滴沥，滴沥……那是春天的脚步声。你看，雨丝是透明的，它是那么细密，就像无数蚕娘吐出的银丝。雨滴落在池塘里，使池塘漾起层层涟漪。“春江水暖鸭先知”，池塘里的鸭子扑腾着自己的翅膀，欢快地迎接春姑娘的到来。青蛙开心地呱呱直叫，仿佛在说：“啊！春姑娘来啦！我又可以唱响我的《春之歌》啦！呱呱呱！”小草也从地里钻出来，露出了它那尖尖的小脑袋，吸吮这甘甜的露汁。

“不知细叶谁裁出，二月春风似剪刀。”湖边整齐地栽着两排垂柳。它那又细又长的枝条一直从头上垂下来，就像仙女的长发，在微风中飘动。春天一到，每个枝条长满了绿色的嫩芽，如果用指甲掐一下，一定会掐出水来吧。看到了垂柳发芽，人们就知道，寒冷的冬天过去了，温暖的春天来到了，心里有一种轻松舒适的感觉。“沾衣欲湿杏花雨，吹面不寒杨柳风”，风轻轻地吹过，柔弱的柳枝随风舞动起来，垂柳的枝条碰到我的脸上，就像是婴儿的手在抚摸。我忍不住张开双臂，任风抚过我的每一寸肌肤，暖暖的，痒痒的。

又是一年春来到，我想送大家一串“迎春”花，那是毕节的杜鹃花，绵延一百二十五公里，红的、白的、粉的，姹紫嫣红，耀眼夺目，让人看了十分欣喜；那是个旧加级寨的梨花，沿着山脉的起伏，连绵不绝种在梯田间，远远地看着，错落有致，在春光里流动；那是林芝的三百里桃花，与江南不同，不是秀美，而是无可比拟的盛大、烂漫、壮阔，与新雨之后的柏油路、斑斓的藏式村庄、澄净的湖泊、孔雀蓝的河流、绿色的青稞田、黄色的油菜花、白皑皑的山脉相映成趣；那是伊犁河谷的三万亩杏花，如烟、似霞、像雾、轻盈、空旷、柔美，色彩交织、连绵起伏。从南到北，960万平方公里的土地，每一片盛开的花海，都是让人无法错过的明媚。

无论2020年开头有多难，相信春光一定会普照大地，我们一睁眼就能露出笑脸，大口呼吸新鲜空气，握一握春天的手，问一问春风，闻一闻花香。

春光易逝，2020，莫负好春光！

芜湖新闻综合广播公众号2020年3月6日推送。

春天畅想曲

◇ 李书缘

悄悄地，悄悄地，春迈着轻盈的脚步降临人间。

冰雪在春的滋润下开始消融，隐约可以听见“叮咚、叮咚”小河流水的声音。“草色遥看近却无”，广袤的大地上隐隐地泛起一片嫩黄，小草想要冲破那层层泥土，吮吸春天的芳香。它们之间还夹杂着星星点点的花骨朵儿，娇美得让人幻想它们长大后那鲜艳的模样。树枝枯藤上早已抽出一抹新绿，在枯叶的映衬下显得愈发可爱。蔚蓝的天空中，飘浮着几朵慵懒的白云，远方依稀传来几声小燕子的啼叫——它们在欢呼春天的到来。

“哗啦、哗啦”，小河唱起欢乐的歌儿，涓涓流淌，它淌过山涧，留下片片花瓣、缕缕春香，一座座青山环抱着如明镜般的小河，环抱着那一池春水、一汪青绿。“春江水暖鸭先知”，河上有几只小鸭子正在优哉悠乐地游走，不时拍起翅膀，激起点点水花。“吹面不寒杨柳风”，春风轻轻地吹过大地，吹过已与脚腕儿齐平的芳芳青草，吹过江岸边的杨柳；“碧玉妆成一树高，万条垂下绿丝绦。不知细叶谁裁出？二月春风似剪刀。”那轻柔的春风爱抚着杨柳，它们仿佛一位位亭亭玉立的妙龄少女，扭动着曼妙的腰肢在风中翩翩起舞。“淅沥沥，淅沥沥”“春雨贵如油”，那绵绵细雨洒落在大地上。雨后，天上挂着一道亮丽的彩虹，空气清新，还弥漫着一丝丝甜味儿，树叶、小草绿得夺目，朵朵鲜花红得耀眼，宛若天女散花般，竞相开放。瞧，一只小蜗牛在花叶间蠕动，享受着春天带来的恩赐。屋檐下，不时有晶莹的雨珠滚落，激起一朵朵美妙的水花。随着几声清脆的鸟鸣声，几只燕子从屋檐下飞了出去，飞舞在天地之间，它们成双成双对，三五成群地飞落在枝繁叶茂的树上，在歇息，在嬉戏，好不热闹！

人们也出来了，与明媚的春光撞了个满怀。捧起一池清水，映出春天的色彩；捡起一朵落花，嗅出春天的味道。天空中，飘荡着几只风筝，地上的孩子们牵着风筝线肆意奔跑；学堂里，朗朗的读书声穿过教室的窗户，穿过校门；公园里，老人们舒活舒活筋骨，抖擞抖擞精神，有的在下棋，有点在打太极；“一年之计在于春”，乡村里，田野上，一群农民正在播种——他们在这个美好的春天里期盼着丰收——他们在播撒着希望的种子。好一派春意盎然，生机勃勃之景！

草越长越高，花越开越香，树叶越发茂盛，太阳愈发明朗，一切都在步入春的尾声，准备迎接火热的夏天……

春啊，你孕育着生机，孕育着希望！春啊，你就如一首交响曲，小河是你的歌唱家，花草是你的歌词，小燕子是你的音符，春天啊，我歌颂你，赞美你！

芜湖新闻综合广播公众号2020年3月6日推送。

春之畅想

◇ 路远兮

当你感到风不再凛冽，而是带有柔情；当你感到大地不再那么雪白，而是充满生机；当你感到花草纷纷扬起了脸……那么，一定是春天悄然无声地来了。

清晨，当你走在田野中，你会瞧见一大片一大片金灿灿的油菜花，身在其间你会感到仿佛是在一片清香的、金色的花海之中，一群忙碌的小蜜蜂在花中穿梭、耕耘，那种感觉是多么放松、多么温馨！一阵清风吹来，香气扑鼻，到处是浓郁的花香。

你来到山上，一排排梯田映入你的眼帘，梯田里那一畦畦小麦好像列队的士兵，笔直地站着。一阵微风吹过，麦浪此起彼伏，又好似舞蹈演员随风起舞。走进麦田，你会瞧见一只只小蛐蛐儿一个个在麦畦之间蹦来跳去，这又是一幅多么充满生机的田园风景画！

中午，吃过午饭后，你到外面走一走，转一转，又有一种别样的感觉。可以到树荫下，聆听小鸟欢快的叫声，在这鸟语花香中，还可以美美地睡上一觉。傍晚，你可以爬上山顶观看日落，那是一张放大了的笑脸，她此刻还会害羞呢！

那光芒是那么温柔，好像在尽力为大地披上一缕金黄色的轻纱，仿佛在说："晚安了，我亲爱的朋友们！我要去地球的另一头了，祝你们做个好梦！"当太阳用尽她最后一缕光芒时，夜幕便降临了。月亮出来了，整个村庄格外安静，月亮为大地披上了一件银色的睡衣，鸟不叫了，风不吹了，树叶也不沙沙作响了，整个村庄都沉睡了。

这正是昆虫们开音乐会的大好时机，它们一起唱《小夜曲》，这歌声伴着那些辛苦了一天的劳动人民甜甜蜜蜜地进入了梦乡……春天的空气、花香、麦浪、绿荫、日落以及那虫鸣，会时时刻刻地吸引着你，让你向往，让你不舍……春天是万物复苏花红柳绿的季节，她如娃娃一样崭新，如姑娘一样美丽，如青年一样有力。"等闲识得东风面，万紫千红总是春"，不正写了这样的春天吗？

芜湖新闻综合广播公众号2020年3月11日推送。

春之韵

◇ 王李伟

冬已尽，春将来。正是春寒料峭之时，春姑娘已经悄悄迈着轻盈的步伐来到了我们身边。近了，近了！万物都感应到了春姑娘的呼唤，欣喜地传递着那春天的消息！

“离离原上草，一岁一枯荣。”小草慢慢地睁开了眼睛，偷偷地从土里探出了小脑袋，伸长了脖子，好奇地打量着外面的世界。它们手拉手，为大地铺上了一层厚厚的绿毯。一阵微风吹来，小草随风摇摆，跳起了轻盈的舞蹈。

“东风随春归，发我枝上花。”是的，花儿们也出来了。最早绽放的是迎春花，在那翠绿的树丛中，突然多了一抹亮丽的黄。紧接着，仿佛响应第一朵的召唤似的，又一朵，五朵，十朵，百朵，千朵，纷纷绽开了笑脸，同明媚的春光打招呼。不仅是迎春花，其他万紫千红的花儿也怒放在大地上，红似火，粉似霞，黄胜金，好一番姹紫嫣红的景象！

“碧玉妆成一树高，万条垂下绿丝绦。”河岸边的一棵棵柳树都抽出了细长的枝条，千万条柳枝上缀满了嫩绿色的新芽，每一颗小小的芽都充满无限生机。望着那一颗颗可爱的小芽，我仿佛看到了它们逐渐长成了深绿色的细叶，像一条条绿丝带挂在树梢上，染绿了它脚下的一片河水。春风轻柔地拂过，穿过密密的柳枝，发出沙沙的声音，有如春蚕咀嚼桑叶。根根柳枝在风中摇曳，衬托出柳树那婀娜的身姿。

“春眠不觉晓，处处闻啼鸟。”鸟儿——春的信使，纷纷回到这里，飞到哪就在哪撒下一封封充满希望的信，有活泼的小麻雀，可爱的小燕子，还有洁白如雪的鸽子！树枝上、电线间，总有一群群鸟儿聚集在一起。它们不时拍拍翅膀换个地方栖息，嘴里还发出一阵阵悦耳的鸣叫。其实，它们就像五线谱中一个个灵动的小音符，谱写着一首春天畅想曲。

2020年的初春时节，和之前的每个春天一样，是那么的生机勃勃、春意盎然。但不同的是，有一群最可爱的人——白衣天使，义无反顾地坚守在抗击新型冠状病毒肺炎疫情的第一线，为人们的安全保驾护航。

“万紫千红总是春”，随着春天的到来，大地呈现出一片生机勃勃的景象。让我们珍惜美好，怀着希望，用心聆听那春之韵吧！

芜湖新闻综合广播公众号2020年3月18日推送。